Judith Gautier

Les Princesses d'Amour

Les
Princesses d'Amour

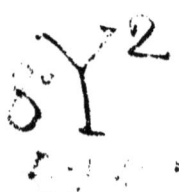

JUDITH GAUTIER

Les Princesses d'Amour

(*Courtisanes japonaises*)

ROMAN

PARIS
SOCIÉTÉ D'ÉDITIONS LITTÉRAIRES ET ARTISTIQUES
Librairie Paul Ollendorff
50, CHAUSSÉE D'ANTIN, 50
1900

Tous droits réservés.

*Il a été tiré à part
cinq exemplaires sur papier de Hollande
numérotés*

I

LE
DAIMIO DE KAMA-KOURA

I

LE DAÏMIO DE KAMA-KOURA

— Si mes amis de Tokio, me voyaient ainsi, le nez vers la terre, accroupi très humblement devant le daïmio et sa noble épouse, ils me trouveraient bien peu moderne, pas du tout « *dans le train* », comme l'on dit à Paris, à ce qu'il paraît, et ils se moqueraient de moi. J'ai tout à fait l'air d'un samouraï du temps féodal, prosterné devant son seigneur... Il est vrai que notre féodalité, à nous, régnait encore il y a vingt-cinq ans à peine et que, moralement, je suis toujours vassal de mon prince dans cette cour très arriérée. Kama-Koura n'est pas Tokio, hélas !

C'est par la cervelle joyeuse du jeune étudiant Yamato, que passaient ces réflexions, tandis qu'accroupi, les mains sur les cuisses, la tête courbée sur sa poitrine, il écoutait, d'un air profondément respectueux, la communication que lui faisait, d'une voix lente et solennelle, le vieux daïmio de Kama-Koura.

Le prince était assis par terre, sur une natte blanche, devant un beau paravent à fond d'or fleuri de pivoines, et à côté de lui, debout, la princesse, sa femme, s'éventait avec agitation.

— Ce matin même, disait le daïmio, la mère de mon fils, s'est présentée devant moi, et m'a parlé de la sorte : « Monseigneur, avez-vous remarqué combien notre cher San-Daï est pâle, comme ses yeux se creusent, comme il se traîne d'un air las, en marchant, et quel pli trop grave crispe sa jolie bouche, faite pour le rire ? » Alors j'ai répondu : « Oui, princesse, j'ai remarqué tout cela depuis longtemps, et j'ai jugé que notre unique enfant s'adonne trop exclusivement à l'étude, que l'heure est venue pour lui d'être un peu fou et dissipé, comme le sont les jeunes hommes de son âge. Je le lui ai fait entendre plusieurs fois, l'autorisant à s'amuser à sa fantaisie;

mais il m'a répondu : « La vie est courte, » la science infinie; pouquoi gaspiller un » temps si bref en de frivoles plaisirs? » J'ai insisté, autant que cela était possible sans compromettre ma dignité paternelle; San-Daï n'a pas voulu comprendre, et plus que jamais il s'acharne au travail. Nous avons pensé alors, ma noble épouse et moi-même, que vous, son camarade d'étude, vous, qui êtes aussi gai qu'il est grave et qui parvenez quelquefois à le faire rire, vous trouverez peut-être le moyen de l'arracher à cet état, que le médecin déclare dangereux, et à le distraire, presque malgré lui. Voyons, qu'imaginerez-vous pour forcer mon fils à s'amuser?

— Monseigneur, dit Yamato, en relevant le front, si Votre Altesse le permet, j'emmènerai le prince San-Daï à Tokio et je le conduirai au Yosi-Wara.

En entendant cela, la princesse redressa sa tête pâle et orgueilleuse, en s'éventant encore plus vite ; mais le vieux seigneur souriait, et clignait les yeux d'un air fin.

— Le Champ des Roseaux ! dit-il, j'y suis allé dans ma jeunesse : c'était un lieu aussi réjouissant que magnifique.

Et posant sa pipette d'or sur l'accoudoir, le prince tirailla entre ses doigts le pinceau de poils qu'il avait au menton, en faisant claquer plusieurs fois ses lèvres.

A ces symptômes, Yamato reconnut que son seigneur allait les honorer d'un discours, et, pour l'écouter avec tout le respect qu'on lui devait, il s'assit sur ses talons et se cala le plus commodément qu'il put.

La princesse ferma son éventail, ouvrit la bouche pour dire quelque chose; mais le daïmio, de son doigt levé, refréna cette révolte contre l'étiquette. L'épouse se mordit les lèvres, ne parla pas.

— C'est la volonté d'un grand homme d'état, commença-t-il, d'un réformateur, trop audacieux à mon avis, qui, dans un but politique, a créé de toutes pièces, voilà tantôt deux cents ans, ces princesses d'amour, qui peuplent le Yosi-Wara. Fleurs de luxe, de charme et de beauté, qu'on cultive encore aujourd'hui, et qui seront bientôt les seuls vestiges du Japon splendide d'autrefois. Elles disparaîtront aussi, comme tout le reste, hélas!...

Yamato allait se relever, croyant que c'était tout, le daïmio ayant fait une pause, pour expirer quelques soupirs. Mais il reprit :

— C'est le fameux usurpateur Tokougava Hieyas, des Minamoto, vous l'avez deviné; c'est lui, lui dont la dynastie a donné des shoguns à l'empire, jusqu'à la récente révolution. Vous savez combien Hieyas fit d'efforts, pour amoindrir notre pouvoir, à nous princes souverains, au profit de son pouvoir, à lui. Il n'y a que trop réussi, et, de ce qu'il avait semé, la révolution, après deux cents ans, est le fruit mûr. Lors de son avènement, il exigea des princes, qu'ils vinssent séjourner à Yédo, la nouvelle capitale, plusieurs mois de l'année, avec leurs épouses, dont le luxe devait donner de l'éclat à la cour, et dont les personnes précieuses pouvaient être retenues comme otage, si quelque malentendu survenait. Mais les fières princesses, restaient dans leurs châteaux; et, s'ils ne pouvaient éluder l'ordre, les daïmios n'étaient présents que de fait, dans la capitale, le cœur et l'esprit ailleurs, abrégeaient leur séjour.

Décidément c'était long. Yamato s'assit tout à fait par terre, tandis que la princesse rouvrait son éventail et l'élevait jusqu'à sa bouche, pour bâiller.

— Quelle perfide et géniale invention ! s'écria le vieux seigneur, dans un geste large, qui déploya le brocard agrémenté de roues d'or, de ses grandes manches à l'ancienne mode, d'artificielles princesses, choisies parmi les beautés les plus rares, élevées dans tous les raffinements du goût aristocratique; instruites des rites et de l'étiquette, savantes, virtuoses en tous les arts! Jeunes, toutes! passionnées, dangereuses, enivrantes et... accessibles! Les princes virent-ils le piège? en tous cas ils s'y laissèrent prendre et tombèrent dans les filets de soie. Il ne fut plus question de corvée; le séjour dans la capitale leur devint particulièrement agréable; ils s'y attardèrent même, au delà du temps prescrit. Dans leurs lointains châteaux, les vraies princesses ne comprirent pas tout de suite le danger. Jadis, il est vrai, la courtisane avait été un être d'élection, une rivale redoutable chantée par les poètes; mais il y avait loin de cela, et les hautaines épouses, n'eurent que du dédain pour ces marchandes de sourires, susceptibles de distraire un instant leur seigneur. Celles qui virent le péril, accoururent, pour s'efforcer de défendre leur bien. A beaucoup des autres, le désastre du bonheur et de la fortune, ouvrit les yeux trop tard. Le proverbe qui dit : « la courtisane est la destructrice du château » date sans doute de ce temps.

— Alors, dit la princesse en soulevant sa lèvre d'un air de dégoût, l'on continue à élever avec autant et plus de soin même que nos enfants, des filles de rien, à qui l'on rend des honneurs, comme aux femmes du plus haut rang, ce qui, à mon avis, fait peu d'honneur aux hommes.

— Ma chère, rien ne distingue ces personnes des vraies princesses, si ce n'est pourtant qu'elles sont plus belles, dit le daïmio avec malice. Ah! quelles causeries avec elles, dans le langage fleuri des années Yngui, quand régnait le mikado Atsou Kimi [1]! le glorieux passé revit, auprès d'elles, et l'on est tout émerveillé!

La princesse faisait de grands efforts, pour dissimuler sa colère, Yamato glissait, en dessous, un regard vers elle et se retenait de sourire.

— Vous l'avez dit vous-même, monseigneur, dit-elle; « La courtisane est la dévastatrice du château » n'allez pas jeter votre fils en proie à cette bête vorace.

1. ıxᵉ siècle.

— Mon fils a trop d'esprit pour se laisser dévorer, dit le prince; ce qui m'inquiète plutôt, c'est l'idée qu'il ne consentira pas à suivre Yamato, dans la cité d'amour. Comment le déciderez-vous à se laisser conduire ?

— Monseigneur, dit Yamato, notre cher prince n'a guère quitté Kama-Koura. En dehors de ses livres et de son château, il ne connaît rien ; il me sera facile de lui faire croire tout ce que je voudrai.

— Que lui ferez-vous croire ?

— Par exemple, qu'un prince, très savant, a découvert un manuscrit, inédit, de quelque grand philosophe chinois, et que nous l'allons prier de nous communiquer le précieux document...

— Ah ! ah ! un philosophe chinois !

s'écria le daïmio, avec un éclat de rire ; il est certain, qu'aux trousses de ce philosophe, vous le feriez aller au bout du monde, tandis qu'il ne tournerait pas le nez, pour voir la plus belle des fleurs vivantes.

— Et que ferez-vous, s'il tourne le dos, au prince très savant, changé en courtisane ? demanda la princesse.

— Une fois là, je me confierai au dieu de l'amour, Altesse, dit Yamato ; la science de la femme est de plaire. Cette science-là, en vaut bien une autre.

— Allons, rendez-vous auprès de mon intendant, dit le daïmio, il vous remettra une somme importante, afin que vous puissiez mener à bien cette jolie équipée.

II

TOKIO MODERNE

II

TOKIO MODERNE

Le résultat de cètte conférence secrète fut que le jeune prince San-Daï, et son malicieux camarade, arrivèrent à Tokio, le soir même de ce jour, par la gare de Simbassi.

Arrêté au bord du trottoir, San-Daï regardait, vaguement, la perspective de la rue, bordée de réverbères et de poteaux télégraphiques, tandis que son compagnon donnait aux domestiques, venus avec eux, des ordres pour le transport des bagages.

— Crois-tu, vraiment, que le prince consentira à me laisser voir ce précieux fragment ? demanda San-Daï, quand Yamato l'eut rejoint ; si je n'obtenais pas cette récompense, je regretterais d'avoir entrepris ce fatigant voyage.

— Vous êtes fatigué ! s'écria Yamato ; à peine avons-nous roulé trois heures et vous avez pris, il me semble, un grand plaisir à regarder la campagne fleurie, en écoutant mes bavardages.

— C'est possible ! Quand on ne le surveille pas, l'esprit se laisse trop aisément distraire... Mais souviens-toi que, pour te suivre, j'ai interrompu une lecture qui me passionnait.

— Hélas ! l'ouvrage, en soixante volumes, d'un commentateur des *See Chou* !

— Je n'avais lu que trois chapitres.

— Patience, le livre, que je veux vous faire lire, est autrement intéressant que celui-là.

— Je le crois bien, un fragment inédit de Meng-Tze ! Mais pourquoi ris-tu en disant cela ?

— Je ne ris pas, je fais signe à un homme-cheval d'approcher son véhicule.

— Ne passons-nous pas à l'hôtel, pour changer de costume ?

— Nous sommes très bien comme

cela, dit Yamato, là, où nous allons, on aime la simplicité.

Arrivant de province, les deux jeunes gens étaient vêtus à la japonaise, ce qui n'est pas trop ridicule encore, même à Tokio.

Plusieurs *djinrichichas* s'étaient rangés le long du trottoir. Yamato fit monter le prince dans l'un d'eux et monta dans un autre, après avoir dit un mot, tout bas, aux coureurs, qui s'élancèrent bon train.

Ils traversèrent tumultueusement la ville, à travers l'encombrement des rues; puis, dans les quartiers plus tranquilles, roulèrent de front, presque sans bruit, purent échanger quelques mots, à voix haute.

— Comme c'est loin! disait le prince.

— Nous voici à moitié route, répondait Yamato.

C'était de plus en plus solitaire et inhabité. Ils arrivèrent à des rizières, qui n'en finissaient pas.

— Crua! crua! s'écria Yamato, entendez-vous ce que disent les grenouilles? Allez! allez! et toutes, tournent leur grosse tête verte, du côté du Yosi-Wara.

Alors il récita un *outa* populaire :

« Quand les grenouilles elles-mêmes me conseillent, comment pourrais-je ne pas aller au Yosi-Wara? »

Les coureurs riaient et le prince entendit mal.

On atteignit l'extrémité de l'avenue Mumamitci, qui tourne en un angle brusque; et, sur un signe de Yamato, les hommes s'arrêtèrent devant un petit temple.

Un *torié*, portique de bois laqué en rouge, le précède et, quand on l'a franchi, l'on voit, assis sur des socles étroits, la queue retroussée, deux renards de pierre, fidèles gardiens d'Inari, dieu de l'amour.

— On ne passe pas ici sans faire une prière, s'écria Yamato en sautant hors du djinrichicha.

Mais le prince ne descendit pas.

— Nous n'avons rien à demander à ce dieu-là, dit-il.

Le temple sintoïte d'Inari, est un édicule en bois, ouvert d'un côté, avec, au fond, une niche, dans laquelle sont suspendus des brins de papiers dorés.

Yamato était déjà près de la vasque

de lapis-lazuli sculpté, voisine du seuil;
il se purifiait les dents, avec du sel, et,
prenant le petit gobelet de bois à long
manche, il mouilla ses lèvres et ses
doigts, puis il jeta dans la vasque une
pièce d'argent, qui alla en rejoindre
d'autres, protégées des voleurs, seulement par l'eau sacrée.

Le *penko,* parfum chinois, brûlait,
emplissant la chapelle d'une fumée
bleue. Le jeune homme s'agenouilla en
dehors, sur les marches, frappa ses
mains l'une contre l'autre, et dit à haute
voix :

— Inari ! Inari ! donne-nous la beauté,
afin que nous puissions plaire et être
aimés !

— Qu'avons-nous besoin d'être beaux,
pour plaire à un vieux prince très sa-

vant? demanda San-Daï, penché au bord de la voiture.

— Ne peut-il y avoir aussi, dans son château, des princesses exquises et d'innombrables filles d'honneur?

— Tu es bien toujours le même fou.

Ils repartaient.

Déjà, au bout de l'avenue, sur un fond de poudroiement doré, se découpaient, en noir, les barreaux et les ramagures de la grande grille du Yosi-Wara.

Un prodigieux brouhaha bruissait tout à l'entour; les djinrichichas arrivaient impétueusement, au milieu des cris des coureurs; une foule bruyante et joyeuse assiégeait la porte, ou se poussait, pour voir au-delà des grilles, tandis que des hommes de police, vêtus de noir avec un caractère blanc dans le dos, une étoffe nouée autour de la tête, agitaient des sonnettes, au bout de cannes en fer, en suivant un rythme drôle et joli.

— L'étrange château ! s'écria San-Daï, qu'est-ce que tout ce bruit et tout ce monde ? Cela peut-il convenir au recueillement d'un penseur ?

Pour ne pas rire, Yamato se mordait le dedans des joues.

— L'homme, absorbé par ses pensées et ses travaux, dit-il, ne voit rien et n'entend rien. C'est en effet là un château très particulier, qui ne rappelle en rien l'austère seigneurie de Kama-Koura. Mais, à des esprits comme les nôtres, la réflexion peut tout expliquer. Le sage est, peut-être, entouré de fous ; trop occupé de problèmes abstraits et de hautes questions philosophiques, il ne s'inquiète pas du tout de la vie vulgaire et laisse diriger le cérémonial du palais par les personnes de sa famille et par ses vassaux. Ceux-ci, d'après les apparences, doivent être d'humeur joyeuse.

Le jeune homme parlait avec volubilité et faisait beaucoup de gestes, afin d'étourdir son compagnon, pour l'empêcher de voir les gigantesques lanternes, un peu perdues dans la poussière soulevée par tant de pas, sur lesquelles on pouvait lire, en caractères chinois : « Yosi-Wara Daï-Mïozin. »

Ils franchirent ainsi la grande porte appelée : *Omon*, et pénétrèrent dans la Cité d'Amour.

III

LA CITÉ D'AMOUR

III

LA CITÉ D'AMOUR

Etrange palais, en effet !

Après la porte franchie, au lieu de l'avenue ombreuse et paisible, gardée par quelques vieux serviteurs, aux visages graves et respectueux, une large rue droite, pleine de foule et de bruit, bordée de maisons de thé, pavoisées et illuminées, avec, dans les plis des banderoles, le titre de l'établissement : « A la Pluie de Printemps », « Au Bois de Cerisiers », « Au Saule Vert ».

— Il est certain que tu t'es trompé, dit le prince avec un commencement d'impatience; trop de fous, vraiment, entourent ce sage, et je t'avertis que ce bruit et cette cohue me lassent.

— Vous oubliez que c'est aujourd'hui la fête des Poupées! s'écria Yamato : sans doute, les filles d'honneur ont laissé entrer tout ce monde, à cette occasion; mais venez par ici, cher seigneur, nous nous reposerons dans un lieu tranquille, tandis qu'on ira nous annoncer au daïmio, et lui demander audience.

Et, fendant la foule, il l'entraîna rapidement, pour l'empêcher de voir des brochures, contenant les portraits et les louanges des courtisanes, des danseuses et des bouffons du Yosi-Wara, que leur tendait un marchand ambulant.

Une femme élégante et qui avait dû être belle, les accueillit au seuil de la maison de thé. Yamato, qu'elle paraissait connaître, eût le temps de lui faire un signe, pour l'avertir d'être sur ses gardes, qu'il y avait un mystère, tandis que le prince, tout surpris, examinait, près de l'entrée, un autel, sur lequel étaient disposées des offrandes : du riz, des gâteaux, des fleurs, et dont les symboles, heureusement, étaient cachés par un voile en brocard d'or.

De gracieuses fillettes, vêtues de soies claires, s'empressèrent, leur ôtèrent leurs chaussures, et ils entrèrent, marchant sur de fines nattes blanches, dans une petite salle, où il n'y avait personne.

A terre, quelques beaux coussins brodés, une boîte à fumer en laque d'or et un plateau, chargé de tasses et de flacons; sur les cloisons, de bois rare, des kakémonos, signés de noms connus et, sur des étagères, des albums et des livres.

Au grand effroi de Yamato, le prince alla droit à ces livres, avec l'avidité naïve de l'homme d'étude.

— Nous sommes perdus cette fois, murmura l'étudiant ; les sujets, peu respectables, de ces joyeux volumes, vont démasquer, trop tôt, notre supercherie.

Cependant, en apercevant le titre d'un album, qu'il poussa aussitôt dans les mains de San-Daï, avec une grimace malicieuse, il se dit en lui-même :

— Sauvés !

Il eut alors tout le temps de prendre à part la maîtresse de la maison, pour lui expliquer le complot, car le prince, s'installant auprès d'une lanterne voilée de soie blanche, d'un air très intéressé, regardait l'album et lisait les légendes.

Il voyait Sakia-Mouni, adolescent encore, quittant son château de Kavira-Vasta, pour aller à la recherche de la vraie doctrine morale et pour tâcher de découvrir le sens et le mystère de la vie humaine. Il arrivait dans une grande ville et s'informait d'un philosophe qu'il voulait interroger. De jeunes fous lui indiquaient un jardin, tout en fleur, dont les habitants pourraient le renseigner.

Là, il trouvait de délicieuses femmes, qui l'entouraient, le cajolaient, lui offraient des gâteaux et des fruits et, à toutes ses questions sur le philosophe, ne lui répondaient que par des caresses et des rires. Le livre donnait à entendre que le Bouddha ne se fâcha nullement et fut même très satisfait de sa méprise; mais San-Daï ne croyait pas cela, hochant la tête, il se disait que la fin de l'histoire devait être faussée.

Yamato se rapprocha, s'assit auprès du prince, tandis que la femme élégante se prosternait.

— Cette aimable personne, dit-il, se nomme Mai-Dzourou, la Cigogne-Danseuse; elle a été la nourrice de la princesse, fille bien-aimée du daïmio que vous voulez voir, et elle va nous donner, sur lui et sur son château, tous les renseignements possibles.

San-Daï inclina la tête ; la Cigogne-Danseuse se releva, s'assit en face de lui et lui offrit, tout allumée, une petite pipe d'or, qu'il accepta.

— Le prince notre maître, dit-elle, est un bien grand savant, toujours absorbé dans la lecture des livres et prenant à peine le temps de manger. Il ne s'occupe de rien, dans son domaine, et ses vassaux profitent de cela pour se divertir le jour et la nuit : — la vie est courte, il faut saisir le plaisir par la manche !

Le seigneur, tout au fond de son appartement, dans un pavillon situé au milieu de jardins déserts, n'entend rien et ne voit rien. Sauf quelques serviteurs privilégiés, nul ne peut l'approcher, si ce n'est sa fille, la princesse Hana-

Dori, si bien nommée « l'Oiseau-Fleur ».

— Ah! parle-nous de la princesse Hana-Dori, s'écria Yamato.

— Celle-là, c'est la merveille du Japon, dit la Cigogne-Danseuse avec une mine extasiée. Ce n'est pas parce que je l'ai élevée et que je l'aime comme mon enfant, que je parle ainsi; je suis connaisseuse en fait de beauté, et j'ai vu des princesses incomparables. Mais celle-ci, c'est une déesse, la perfection même, un miracle! Sans parler de son chant, de sa danse, de son savoir accompli en tous les arts, qui la mettraient déjà au premier rang des femmes, même si elle était privée d'autres charmes, je vous décrirai seulement sa personne. L'ovale de son visage est pur et allongé, tout à fait semblable, pour la forme, à une moitié de pastèque; ses cheveux, noirs comme la laque de Kioto, dessinent sur son front, en le cachant à demi, le sommet neigeux du Fousi-Yama; mais la neige paraîtrait sale à côté de son teint; ses yeux sont frais et brillants comme les Belles du Matin mouillées par la pluie; son nez est droit et noble; sa bouche, désireuse, rouge comme la fleur de Botan; ses dents ressemblent à des perles de jade; ses sourcils ont la forme du croissant nouveau; elle a les reins souples comme du bois de saule; les doigts fins comme les petits poissons nommés siraho : ses bras sont aussi blancs que la pulpe des navets. Enfin, toute sa personne fait honte à la lune; debout, elle est comme le prunier kaïdo; assise, comme une touffe de pivoines.

La Cigogne-Danseuse, un peu essoufflée, reprit haleine.

— Quelle belle description! s'écria Yamato. Je donnerais un doigt de ma main gauche, pour voir l'original de ce magnifique portrait!

— La beauté de la princesse Hana-Dori, n'est pas ce qui doit nous intéresser ici, dit le prince, plus intéressé, cependant, qu'il ne voulait le laisser voir.

— Si je vous parle ainsi de l'Oiseau-Fleur, reprit la fausse nourrice, c'est qu'elle seule peut obtenir de son père ce que vous désirez. Elle est au courant de tous ses travaux, l'aide en ses recherches parfois, car elle est de première force en littérature, en poésie, en philosophie même, les prêtres, des grands temples de la capitale, viennent souvent s'entretenir avec elle et sont émerveillés de la gravité de son esprit. Il faut donc, d'abord, plaire à la princesse et obtenir sa confiance, si vous voulez que le précieux document, dont notre maître est possesseur, vous soit communiqué.

— Eh bien! la soirée s'avance, hâtons-nous; il sera trop tard, bientôt, pour être admis auprès de la princesse.

La Cigogne-Danseuse poussa du coude Yamato, pour lui faire remarquer cette belle impatience du prince.

— J'ai déjà envoyé des serviteurs vers Hana-Dori, dit-elle; ils l'informeront qu'un jeune prince a fait le voyage de Kama-Koura à Tokio, tout exprès pour voir le savant daïmio, son père, que justement on ne voit jamais. Elle aura certainement pitié de vous et vous accordera audience, afin de pouvoir transmettre, au prince, votre requête.

— Nous sommes vraiment dans un costume bien négligé, dit San-Daï, en rajustant avec inquiétude les plis de sa robe en crêpe gris sombre.

— Ne vous inquiétez pas de cela. L'Oiseau-Fleur juge le cœur et l'esprit des hommes, et ne s'occupe pas de leur toilette.

Les jolies fillettes passèrent leurs têtes dans l'entrebâillement des cloisons; elles agitaient, au bout de leurs doigts, les chaussures des jeunes gens, les invitant à venir les remettre; les serviteurs étaient revenus, apportant la bonne nouvelle que la princesse Hana-Dori, consentait à recevoir le fils du daïmio de Kama-Koura, et l'attendait à l'instant même.

— En route, s'écria Yamato, soyons dignes de cette faveur en ne perdant pas une minute.

La Cigogne-Danseuse alluma une lanterne rousse, sur laquelle étaient peintes des armoiries.

— Je vous servirai de guide, dit-elle.

Elle fit signe à trois des fillettes de les suivre, passa devant, en portant la lanterne au bout d'une tige de bambou, et ils sortirent de la maison de thé.

Dehors, la foule avait un peu diminué. Ceux qui ne venaient là que pour passer un moment, en curieux, sans faire aucune dépense, s'étaient déjà retirés ; les autres organisaient des parties, engageaient des bouffons et des danseuses. Dans les maisons de thé, des bruits de musique et de chant se faisaient entendre, mêlés aux rires, aux chocs des flacons et même aux détonations des bouchons de champagne.

Des groupes, semblables à celui formé par le prince San-Daï et ses compagnons, précédés chacun par un porteur de lanterne, gagnaient ou quittaient les Maisons Vertes, habitées par les courtisanes de premier et de second rang.

La Cigogne-Danseuse, tourna bientôt dans l'avenue Kiomati, où beaucoup de monde encore se pressait, stationnait devant les façades grillées, derrière lesquelles, en toilettes superbes, sous la lumière des lanternes et du gaz, étaient exposées les courtisanes de second rang.

Pareilles à des idoles, ignorantes, en apparence, de tous ces regards, dardés sur elles, au milieu des fleurs et de l'or de leurs robes, disposées en plis gracieux, elles étaient assises sur des tapis, accoudées à des coussins brodés, occupées à lire, à fumer, à écrire, ou paraissant rêver. Parfois, un serviteur venait dire un mot, tout bas, à l'une d'elles, qui se levait alors, et, nonchalamment, s'en allait.

Yamato feignait une vive indignation.

— Vraiment, disait-il, ces mœurs d'Europe et d'Amérique nous envahissent un peu trop! C'est scandaleux! Aurait-on cru jamais, autrefois, que les filles d'honneur des princesses se montreraient aussi effrontément à la foule? Le store de bambou était toujours baissé, devant la façade de leurs demeures, et les samouraïs, eux-mêmes, ne les apercevaient que comme des ombres mystérieuses, comme de beaux poissons qui glissent, avec des éclats de nacre et d'or, sous l'épaisseur de l'eau verte. Il est vrai, ajouta-t-il en manière d'excuse, que la soirée est chaude et que c'est la fête des Poupées.

Des fragments de chanson volaient par instants, terriblement modernes aussi :

« ... Autrefois, la route était longue pour venir au Yosi-Wara ; les norimonos, portés par des hommes, se traînaient bien lentement. Le cheval le plus rapide lui-même n'en finissait pas d'arriver.

» Vivent les chemins de fer, qui, de

tous les points de l'empire, nous amènent, aujourd'hui, en quelques heures, dans ce palais de la joie ! »

Ou bien encore :

« Je t'en conjure, délicieuse jeune fille, laisse-moi établir un téléphone entre ton lit et le mien ! »

Des fonctionnaires et des étudiants, déguisés en européens, gauches et disgracieux, passaient, d'un air important, en suçant la pomme d'or de leur canne, mêlant à leur conversation des mots français et anglais. Le prince les trouvait très ridicules et avait peine à se retenir de rire, en les regardant.

Mais on venait de s'engager dans une autre rue, plus paisible. La Cigogne-Danseuse s'arrêta devant une maison élégante, soigneusement close et peu éclairée à l'extérieur.

On pénétra dans le vestibule, entre deux rangs de serviteurs, prosternés sur le passage du prince. Derrière lui, Yamato leur jeta de l'argent.

— Ici, nous vous quittons, cher seigneur, dit-il. L'Oiseau-Fleur ne veut, à ce qu'il paraît, recevoir que vous.

La Cigogne-Danseuse souleva une portière de satin brodé et elle entra, avec Yamato et les servantes, dans une salle du rez-de-chaussée, tandis que d'autres jeunes filles, extrêmement jolies, vêtues comme de beaux papillons, entraînaient le prince vers l'escalier et de nouveau lui ôtaient ses chaussures. Pour les remplacer, elles apportèrent les sandales, que l'on nomme : fucouzori ; si difficiles à porter pour ceux qui n'en ont pas l'habitude, car elles ne tiennent aux pieds que par un cordon bouclé sur l'orteil.

L'escalier, d'un bois charmant soigneusement lustré à la cire, était malaisé à monter, ainsi chaussé, le prince trébuchait, et, les jeunes filles, avec beaucoup de grâce et de réserve, le soutinrent jusqu'au palier.

On le fit entrer dans le salon d'honneur. Là, il retrouva tout à fait l'aménagement du palais seigneurial : les cloisons décorées de délicates peintures, les nattes blanches, les tapis bleus en poils de chèvre, les coussins brodés, les somptueux paravents, les étagères chargées d'objets exquis, les vases de bronze où s'épanouissent des bouquets savamment combinés; tout, jusqu'au subtil et chaud parfum flottant dans l'air.

Une fille d'honneur, d'une distinction parfaite, le reçut à l'entrée; le fit asseoir, et s'éloigna, pour aller prévenir sa maîtresse.

IV

LA PRÉSENTATION

IV

LA PRÉSENTATION

Le jeune prince San-Daï luttait en vain contre l'émotion extraordinaire qui l'envahissait, à l'idée d'être en présence de cette noble jeune fille, si belle et si savante. S'il allait lui paraître gauche, ne pas oser lui parler, lui déplaire! cela l'emplirait de tristesse; car, dès qu'il avait entendu prononcer ce nom si joli de l'Oiseau-Fleur, il avait éprouvé un trouble singulier, comme le choc d'un pressentiment, et lui, qui n'avait jamais pensé aux femmes, les méprisant un peu, même, comme des êtres frivoles et décevants, était forcé de s'avouer, avec une surprise profonde, que la pensée seule de cette princesse inconnue, bouleversait son cœur et effaçait toutes choses de son esprit.

La fille d'honneur revint, fit glisser une cloison, qui découvrit une autre pièce, très éclairée, et s'agenouilla, les deux mains sur le sol.

Tout aussitôt, un grand frisson de soies traînantes se fit entendre, et la belle Hana-Dori traversa, lentement, cette salle, se laissant voir de profil, la tête à demi tournée vers le prince.

Il était impossible, en effet, d'imaginer une plus ravissante beauté et le portrait, tracé par la Cigogne-Danseuse, était bien au-dessous de la réalité. D'une majesté gracieuse, l'air hautain, mais touchant à la fois, par l'expression d'une étrange mélancolie, l'Oiseau-Fleur portait, avec une aisance charmante, un magnifique manteau à manches très amples, en soie violet clair, brodée de tortues d'or, de bambous et de fleurs de cerisiers. Par dessus l'épaule, elle jeta sur le prince un regard rapide, mais plein d'une anxiété profonde, fit une légère génuflexion et s'éloigna. La fille d'honneur se releva et disparut aussi, derrière la cloison, qu'elle referma.

San-Daï était à tel point ému et émerveillé, qu'il ne se demandait que confusément ce que pouvait bien signifier ce bizarre cérémonial.

Il était seul de nouveau : est-ce que c'était là toute la réception ? N'allait-elle pas revenir ? Il avait maintenant un si ardent désir de sa présence, qu'il eut envie de pleurer à l'idée qu'il fût possible qu'il ne la revît pas.

Mais la fille d'honneur rentra d'un autre côté, s'approcha et lui dit en s'inclinant :

— Monseigneur, vous avez le bonheur de plaire à ma maîtresse ; elle consent à vous accueillir et sera ici dans un instant.

— Que signifie cette formule ? se demanda San-Daï ; nous sommes décidément bien arriérés, à Kama-Koura !

L'Oiseau-Fleur entra, rejetant à demi

son manteau, dans un mouvement coquet qui fit mieux valoir la grâce de son corps souple. Avec une effusion attendrie, elle s'agenouilla près du prince, en creusant de son coude la soie d'un coussin brodé, et elle lui dit, d'une voix tremblante d'émotion :

— O mon seigneur! vous ne savez pas que vous me sauvez la vie! Si un autre était là, à votre place, ou si vous n'aviez pas ce visage charmant, ce regard de velours et de flamme, je n'aurais pas vécu jusqu'à la fin de cette nuit... Je me suis déjà refusée tant de fois!... C'était mon droit; mais il a des limites pourtant, et la nuit suprême était cette nuit-ci. Plutôt que de céder avec répugnance, j'avais choisi de mourir. C'est si peu de chose, n'est-ce pas, la vie d'un être? Une bulle d'air, qui se forme et monte comme une perle à la surface de la mer, s'y balance un instant, s'irisant, à la lumière, reflétant l'espace et le ciel, puis qui éclate, sans laisser de trace, sans causer le plus léger trouble dans l'immensité du monde. Pourtant, l'âme redoute de se jeter, d'elle-même, avant l'heure, dans l'inconnu d'une autre vie, ou de s'exhaler dans le néant; et j'avoue que moi, née et formée pour l'amour, j'aurais pleuré de mourir avant d'avoir connu l'amour, ô mon prince! Je me gardais pour toi, et je te remercie d'être venu!

Il la contemplait avec une stupeur ravie. Suivant les mouvements de cette bouche exquise, ébloui par l'humide lumière de ces yeux, remué jusqu'au fond

de l'être par les inflexions si tendres de
cette voix, il ne s'étonnait pas des choses singulières qu'il entendait, très vaguement, d'ailleurs.

Comme elle s'était tue, il balbutia :

— J'étais venu pour voir le prince,
votre père, afin de solliciter de lui une
faveur... oui, une très grande faveur...
celle de voir le précieux manuscrit...
vous savez... le manuscrit de ce philosophe si fameux... J'ai oublié son nom ;
mais le manuscrit est inédit, c'est un
vrai trésor !... On m'a dit que vous, fille
bien-aimée du savant prince... oh oui,
bien-aimée !... vous pouviez seule intercéder pour moi... vous seule, car il est
bien certain qu'il n'y a que vous au
monde !

Hana-Dori, très surprise, se recula un peu.

— Hélas ! dit-elle, est-ce que ce jeune homme, si beau en apparence, et vers lequel toute mon âme volait, serait ivre, ou privé de raison ?

Il revenait un peu à lui.

— Je ne suis pas fou, dit-il, mais extasié devant votre beauté. Pardonnez-moi, princesse, si je me suis mal exprimé. J'ai dit la vérité, cependant. Je suis parti du château de Kama-Koura, quittant à regret ma chambre d'étude, pour aller voir un daïmio, très savant, et l'on m'a conduit ici, dans son palais.

Elle se leva brusquement, toute pâlie et tremblante.

— Où donc croyez-vous être, seigneur ? s'écria-t-elle. On vous trompe, cela est certain ; mais je ne suis pas complice, et j'éprouve un chagrin extrême à jouer un rôle, inconscient, dans le complot singulier dont vous êtes victime.

Le prince se souvint, alors, de toutes les surprises de son voyage, des doutes qui l'avaient effleuré. Il revit le daïmio de Kama-Koura l'exhortant, avec insistance, à quitter l'étude, à se divertir, de toutes les façons; il revit le pâle visage de sa mère inquiète, et le médecin, hochant sa tête soucieuse et grave, en tâtant le pouls au travailleur obstiné qui repoussait les frivoles plaisirs. Il comprit tout; il devina que, par sollicitude, on l'avait arraché de force à une réclusion trop prolongée et que c'était avec l'autorisation du maître que le joyeux Yamato avait imaginé cette fable invraisemblable du manuscrit inédit. L'histoire du Bouddha, qu'on lui avait fait lire dans la maison de thé, repassa dans son esprit, et il n'eut aucun doute sur le lieu où il se trouvait.

Il se leva pâle et irrité.

— On m'a trahi ! s'écria-t-il. On s'est indignement moqué de moi, en me traitant comme un enfant entêté... Mais croit-on, vraiment, qu'on réussira à m'amuser, par force ?

L'Oiseau-Fleur, très digne, debout, dans les plis superbes de son manteau qu'elle serrait autour d'elle, regardait le jeune homme avec tristesse.

— Mon seigneur, dit-elle, je ne comprends que confusément ce qui vous arrive ; mais il me semble qu'il n'y a pas de raison de vous trop irriter, puisque vous vous apercevez du piège, assez à temps pour y échapper. Je puis vous aider à sortir de ce lieu d'infamie, puisque vous n'y êtes pas de votre plein gré, sans que vous soyez vu de vos compagnons ; de cette manière, ce sont eux qui seront bafoués, et vous pourrez rire, en retournant à vos chères études, de leur déconvenue. Pour moi, je ne vous demande qu'une faveur, c'est de me croire, en tout cela, parfaitement innocente.

— Innocente ! Voilà un mot qui ne vous convient guère, dit-il avec une expression de douloureux mépris.

— Prince, vous avez tort de me juger sans me connaître... Ce qui pour vous n'est qu'une aventure insignifiante, est pour moi un irréparable malheur; et, ce qu'il adviendra de l'Oiseau-Fleur, quand vous serez parti, vous ne le saurez même pas.

— Un joyau sans prix, jeté dans un marais! Une merveille aussi éclatante, tombée dans la boue! s'écria-t-il en se tordant les mains.

Immobile, de plus en plus pâle, les yeux fermés à demi, elle dit froidement :

— La porte de mon jardin s'ouvre sur une ruelle solitaire; venez, seigneur, ma servante vous guidera.

— Non! non! dit-il, en se laissant retomber sur les coussins, ils n'ont que trop bien réussi : princesse ou courtisane, vous êtes unique au monde, et il m'est impossible de m'éloigner d'ici.

D'un bond, elle fut près de lui, agenouillée.

— Est-ce vrai? est-ce vrai? s'écria-t-elle; sachant qui je suis, vous ne me repoussez pas?

— Je n'ai jamais aimé aucune femme, et pour mon malheur, Hana-Dori, c'est vous que j'aime.

— Le ciel m'accorderait-il vraiment un tel bienfait! s'écria-t-elle, l'ivresse de l'amour, là où je redoutais un supplice pire que la mort! Mais vous ne me connaissez pas, et je veux que vous sachiez tout de moi; peut-être reconnaîtrez-vous alors que ce n'est pas du mépris que je mérite, mais de la compassion.

— Parle, parle, dit-il, ta voix est délicieuse; il n'importe si tes subtils discours sont appris pour mieux séduire.

Elle lui ferma la bouche en la couvrant de sa jolie main, blanche et douce comme un camélia.

— Ne dites pas de méchantes paroles et ne doutez pas de ma sincérité : vous aurez les preuves que tout ce que je dis est vrai, si vous me faites l'injure de les exiger.

— Voile plutôt de tes chères mains mes yeux, ravis de ta beauté, si tu veux que je puisse t'entendre.

Elle prit un air grave, un peu fâché :

— Je vous en conjure, écoutez-moi, dit-elle. J'ai quelques raisons de croire que je suis de sang aussi noble que vous-même. Tout enfant, pendant les horreurs de la dernière guerre civile, je fus volée, par des serviteurs, dans l'incendie du palais de mes parents. Les voleurs m'apportèrent à Tokio, cette ville immense où l'on peut si bien se cacher, et ils me vendirent à une ancienne courtisane, mariée et propriétaire de plusieurs Maisons Vertes dans l'enceinte du Yosi-Wara. On me fit élever dans une retraite profonde, avec un soin et un luxe extraordinaires, prodiguant l'argent, aux professeurs les plus célèbres; on me soigna comme une fleur; on me para comme une idole, ornant mon esprit autant que mon corps; mais la moindre dépense était portée sur un registre, et tout cet or forgeait, peu à peu, à ma liberté, une chaîne formidable, impossible à rompre jamais. Quand j'eus l'âge de comprendre, on me révéla ma destinée. Alors, je faillis mourir d'horreur et de chagrin. Hélas! on avait empli mon jeune cœur des sentiments les plus beaux, ouvert mon esprit aux idées nobles et généreuses; on m'avait enseigné la poésie, la musique, la danse, toutes les délicatesses du langage et des manières; on avait fait de moi une véritable princesse, et cela, pour me mieux vendre à tout venant! Et j'étais peut-être d'une illustre race! Tout mon sang révolté semblait le crier, en moi-même. Je me fis apporter mes petits vêtements d'enfant, ceux dont j'étais vêtue lorsque je fus ravie à ma famille. Si je pouvais découvrir, par un indice, mon origine appeler à mon secours ceux dont j'étais née, s'ils étaient encore vivants, être rachetée, sauvée! Cette petite toilette était d'une extrême élégance, faite de ces étoffes, que l'on fabriquait encore spécialement pour les princes, et dans lesquelles les armoiries étaient tissées ; mais il y avait des trous, à la place des emblèmes, qui auraient révélé mon origine ; on avait coupé la soie aux endroits marqués par les armoiries. J'eus beau découdre les doublures et chercher dans les moindres coins de l'étoffe, je ne trouvai rien. Alors, je versai d'abondantes larmes, à la vive colère de ceux dont j'étais le bien. Ils me démontrèrent que mes yeux étaient une marchandise de prix, que je n'avais pas le droit de détériorer. Alors, dévorant ma douleur, j'enfermai dans un coffret ces lambeaux de vêtements, tout ce qui me restait de mon enfance inconnue ; et j'ensevelis avec eux tout orgueil et toute espérance. Mais, au fond de mon cœur, je jurai de mourir, plutôt que de me donner sans amour... Et tu me sauves, ô mon doux prince, ô toi que j'attendais et que j'aime, car tu es tel que mon rêve!

— Je crois bien facilement, dit San-Daï, que le sang, qui fait fleurir ta beauté, est le plus noble qui puisse être, mais fleurit-elle pour moi seul? Suis-je le premier, auquel tu contes ta touchante histoire?

— Tu es le seul, tu es le premier, s'écria-t-elle. J'ai le bonheur d'être aussi intacte que la neige du mont Fousi.

— Comment le croire, étant ce que tu es?

— Ah! mon seigneur, j'ai été aussi

jalousement gardée qu'une fille du Mikado ; sauf à mes professeurs et à quelques vieux prêtres, qui m'ont enseigné la morale et la philosophie, je n'ai jamais parlé à aucun homme.

— Quel est le moyen de te délivrer, ravissante victime ? Dis-moi ce que je puis pour toi.

Elle eut un sourire plein de grâce et de tendresse.

— Ce que tu peux ? dit-elle, m'aimer de tout ton amour, pendant quelques semaines, et, après, me laisser mourir, bien heureuse...

— Ne parle pas de mourir ! s'écria-t-il en l'appuyant contre son cœur.

A ce moment, avec une gambade prodigieuse, Yamato bondit au milieu de la chambre, et cria en battant des mains :

— Eh bien ! eh bien ! que dites-vous de mon philosophe chinois ?... Je vois qu'il est de votre goût.

L'Oiseau-Fleur s'était vivement reculée, avec un geste de pudeur offensée ; elle salua cependant le nouveau venu.

— Ce que je dis, répondit gravement le prince, c'est qu'on regrettera peut-être de m'avoir conduit vers lui, qu'on ne me trouvera que trop bien converti à sa doctrine.

— Bah ! Bah ! en attendant il faut célébrer vos noces, dit Yamato.

V

NOCES ÉPHÉMÈRES

V

NOCES ÉPHÉMÈRES

La Cigogne-Danseuse était entrée aussi, avec les jolies jeunes filles, et des serviteurs s'empressaient. Ils apportèrent une petite table basse, qu'ils placèrent devant le prince, puis ils posèrent sur la table, trois coupes en bois laqué; l'on déboucha, alors, un flacon de saké.

— Vous voyez, prince, dit Yamato en

versant le vin dans la première tasse, cette cérémonie est exactement la même que celle qui a lieu dans le mariage entre nobles. Vous serez donc véritablement l'époux de cette belle princesse... durant toute la nuit.

L'Oiseau-Fleur prit la coupe, la vida à moitié, puis la rendit à San-Daï qui but le reste, tandis que Yamato disait :

— C'est la première rencontre entre ce beau jeune homme et cette merveilleuse jeune fille; que les présages soient heureux !

Puis il emplit la seconde coupe, qui fut vidée de la même façon.

— Puissiez-vous vivre de longues années, reprit Yamato, et jouir d'un bonheur parfait... jusqu'à demain matin !

Les assistants poussaient de joyeuses clameurs, en répétant les souhaits.

L'Oiseau-Fleur prit la troisième coupe et la tint un moment soulevée avant de boire, en enveloppant le prince d'un regard profond et grave. Sans le quitter des yeux, elle la lui tendit, après avoir bu. Il vida la coupe d'un trait et la reposa sur la table de cérémonie, dans un choc brusque.

— Ce mariage, qui n'est pour vous qu'un simulacre et un jeu, dit-il d'un air hautain, est pour moi absolument sérieux. Je fais serment d'être l'époux unique de l'Oiseau-Fleur, et cela pour toujours.

Hana-Dori saisit la main du jeune homme et la mouilla de larmes, tandis que Yamato, qui savait bien que son compagnon ne jurait jamais de vains serments, faisait une mine stupéfaite et épouvantée, qui allongeait étonnamment son visage. Mais il secoua vite son inquiétude, et s'écria en riant :

— Si c'est un vrai mariage, le festin ne sera que plus magnifique. Vite! vite! qu'on nous serve! A en juger par moi-même, je prophétise que, si l'on tarde encore, on nous trouvera tous morts de faim.

Rien ne manqua à ce festin nuptial, auquel la Cigogne-Danseuse fut conviée par Yamato, avec l'agrément du prince.

D'innombrables petites coupes, des bols, des plats, des écuelles en fine porcelaine, disposés sur la natte blanche du sol, ou sur de petites tables basses, contenaient toutes sortes de hors-d'œuvre délicats : algues marinées, coquillages crus ou cuits, soles hachées toutes vives et mêlées à des cornichons frais; puis des langoustes, des poissons rares accommodés au shoyo, cette liqueur fermentée si succulente; des viandes et des volailles coupées en menus morceaux; des pyramides de riz blanc comme la neige ; puis toutes espèces de gâteaux, de fruits et de friandises, et le saké coula abondamment et aussi le vin mousseux de France, qui jaillit dans un bruit de bataille.

Bien qu'il n'y eût que quatre convives, assis à ce repas, la salle était pleine de monde. On avait fait venir d'élégantes *geshas*, célèbres pour la perfection de leur danse et de leur chant, des *taïkomatis*, dont les bouffonneries, les mines et les grimaces, déridaient les plus sérieux. Toutes les jolies servantes de l'Oiseau-Fleur étaient entrées aussi, et, debout contre les cloisons, les tapissaient des fraîches soies claires de leurs toilettes toutes fleuries de broderies.

Les bouffons, roulant des yeux extraordinaires, sous des sourcils tordus comme des serpents en fureur, éployant leurs manches en de grands gestes saccadés, se frappant fréquemment les genoux avec leur éventail, avaient mimé une scène burlesque. Mais les *samisens* commencèrent à vibrer, dans un rythme gai et vif, et une *gesha*, s'avançant de quelques pas, se mit à danser.

Sa coiffure, qui imitait les ailes d'un papillon, était ornée de grandes épingles d'or, de beaux coquillages et de fleurs ; sa robe d'un bleu nuancé, de bas en haut, du plus foncé au plus clair, enveloppait de beaux plis souples tous ses mouvements. Elle oscillait, se balançait, tournait lentement, faisant flotter autour d'elle des banderoles de soie, couvertes d'emblèmes. Puis une autre gesha, frappant sur un tambour avec des baguettes de laque, entonna, d'une voix aiguë, le chant d'amour de la Première Entrevue.

Mais l'Oiseau-Fleur, d'un geste, l'interrompit, faisant signe qu'elle voulait chanter elle-même.

Alors sa servante favorite, dont le nom était Kin-Rau, le Broc-d'Or, lui apporta son samisen, et tout le monde fit silence.

Prenant une pose d'une grâce maniérée, qui semblait cependant toute naturelle, elle fit courir sa main gauche sur le long manche effilé de l'instrument, et à l'aide du plectre d'ivoire, gratta, de l'autre main, les cordes très tendues. Dès les premières notes du prélude, chacun reconnut la célèbre chanson intitulée : *Harousamé*, et un murmure de plaisir bourdonna.

Elle chanta d'une voix pure et claire, comme les vibrations d'une coupe de jade :

« Sous l'averse printanière qui trempe ses plumes, le rossignol proclame la beauté du prunier fleuri.

» Vers l'arbre bien-aimé, il est revenu du lointain exil, le doux amant, malgré les dernières neiges, le vent et la grêle !

» Si fragile est son aile et si dur fut

le voyage, qu'il est tout meurtri et qu'il saigne...

» C'est d'un œil mourant qu'il contemple, une dernière fois, la floraison rose et embaumée ; mais il est heureux, puisqu'il meurt à l'ombre du prunier chéri.

» O vous, vers qui revient toujours ma pensée, soyez l'arbre en fleur, et moi je serai l'oiseau ! Sans hésiter, je traverserai, alors, tous les périls, toutes les épreuves, pour expirer entre vos bras ! »

Elle mit un accent si tendre et si passionné dans ce dernier couplet, que les yeux du prince se mouillèrent de larmes, tandis que les assistants poussaient d'enthousiastes acclamations

— Ni Komati, la grande poétesse, qui fut si belle, ni l'illustre Mourasaki, ni aucune des princesses célèbres n'ont égalé celle qui, ce soir, nous émerveille! s'écria Yamato, en vidant, coup sur coup, plusieurs verres de champagne en l'honneur de l'Oiseau-Fleur.

Le prince déclara qu'il voulait échanger avec elle le *kisho*, ce serment d'amour éternel, écrit devant témoins, et qui voue à la mort celui qui y manquerait.

Broc-d'Or courut, aussitôt, chercher la boîte à écrire, et se mit à délayer l'encre. Mais Hana-Dori se défendait, voulait être seule à écrire le solennel engagement.

— O mon cher prince! s'écria-t-elle, dans quelles angoisses je serais, si vous cessiez de m'aimer!

Et elle cita, à l'appui de son sentiment, un *outa* du poète Oukou, célèbre depuis le neuvième siècle :

> « Qu'il meure sur l'heure
> Le traître !... » avions-nous juré.
> C'est pourquoi je pleure,
> Car l'infidèle adoré,
> Le ciel va vouloir qu'il meure.

San-Daï prit le pinceau des mains de la jeune servante et, déroulant le papier soyeux, il écrivit le premier. D'une écriture aussi belle que celle du prince, dans des termes rares et élégants, l'Oiseau-Fleur écrivit, à son tour, le serment sacré.

Les danses et les chants reprirent alors, avec plus de langueur et de fièvre : le saké avait circulé, et coulé abondamment, toutes les têtes étaient troublées et, bien que l'on gardât une réserve de bonne compagnie, l'on sentait monter de plus en plus l'animation et la gaieté.

La Cigogne-Danseuse faisait de grands efforts pour se tenir droite et rester digne; Yamato s'était imaginé de lui faire boire de nombreuses tasses de saké ou de champagne, et il s'amusait extrêmement des mines singulières qui crispaient le visage de la vieille courtisane, tout blanc de fard, de ses airs effarés, dans l'angoisse d'être incorrecte, et du clignotement continuel de ses yeux, lourds d'ivresse. Mais tout au fond de lui-même, malgré les rires dont il s'étourdissait, le jeune étudiant sentait poindre une sourde inquiétude : n'avait-on pas trop bien réussi? Le prince l'avait dit tout à l'heure, peut-être regretterait-on de l'avoir arraché à sa retraite studieuse. Tous ces serments de fidélité, il voudrait les tenir, et qu'adviendrait-il de cela ?... Yamato ne serait-il pas considéré comme responsable par le daïmio de Kama-Koura, des désordres et des folies, éclatant, par suite de cette belle aventure, dans la vie du jeune prince ?...

Il les examinait du coin de l'œil, tous deux engourdis par un trouble délicieux, ne pouvant détacher leurs regards l'un de l'autre, échangeant des sourires d'extase. Ils avaient à peine touché à ce beau repas, éparpillant les grains de riz du bout de leurs bâtonnets d'ivoire, mordant à un fruit, buvant quelques gorgées à la même coupe. Maintenant, ils semblaient las de tout ce monde, impatients d'être seuls.

Alors, Yamato, avec un grand soupir, se leva, plongea la main dans une bourse pendue à sa ceinture et jeta à la volée, à travers la salle, une poignée d'or. Ce fut, aussitôt, une mêlée joyeuse, des cris, des rires; toutes les jolies toilettes, les belles coiffures hérissées d'épingles, se traînèrent sur le sol, à la poursuite de la proie roulante.

Les bouffons faisaient des enjambées extraordinaires; il y eut des luttes, des disputes, des chignons défaits; puis quand tout le monde se fut relevé, un concert de remerciements et de bénédictions, qui n'en finissait plus. Quelques-uns, n'ayant rien pu saisir, feignaient de pleurer.

Le prince et l'Oiseau-Fleur s'étaient levés. Alors, formant un cortège, les assistants les conduisirent à la chambre à coucher.

Cette chambre, assez grande, s'ouvrait sur une véranda qui donnait sur le jardin, confusément aperçu dans une lueur bleue. Le lit était formé par un large matelas de soie étendu sur plusieurs nattes superposées; au chevet, étaient placés deux *makouras,* sortes d'escabeaux rembourrés sur lesquels on appuie la tête ; et une magnifique couverture, en satin couvert de broderie, ayant la forme d'une robe géante, était jetée sur le lit.

Dans un angle se dressait, tout environnée de fleurs, une statue dorée de la déesse Benten, reine de la mer et protectrice des amants. Une petite lampe de bronze brûlait devant elle ; mais la lumière de beaucoup de lanternes voilées de soie blanche, empêchait de voir sa lueur.

On déshabilla le prince, et on le revêtit d'un costume de nuit, tandis que l'on disposait sur le sol le brasero, les parfums, la boîte contenant le tabac et les pipettes d'or, et, dans un coffret précieux, une édition rare des Poèmes de l'Oreiller.

Dès que le jeune homme fut couché, les assistants, avec maints souhaits de longue vie et d'éternelle félicité, se retirèrent, sauf Broc-d'Or et quelques servantes, qui commencèrent à dévêtir Hana-Dori. On lui ôta le somptueux manteau de soie et d'or, qui fut étendu contre la cloison, sur une étagère ; on enleva les épingles et les fleurs de sa coiffure ; on défit les hautes chaussures qui la faisaient si grande ; on dénoua sa ceinture, attachée par devant à la mode des courtisanes. La robe glissa, découvrant les épaules et la poitrine sous la gaze de la chemisette, puis les beaux bras, si blancs qu'ils paraissaient lumineux.

Quand elle fut prête, elle vint s'agenouiller près du lit, et dit, d'une voix basse et toute palpitante d'émotion :

— Mon cher seigneur, me permettez-vous de dormir à votre côté ?

Sans avoir la force de lui répondre, d'un mouvement brusque et passionné, il l'attira auprès de lui.

Alors, Broc-d'Or, en même temps

que les servantes éteignaient les lumières, referma sur eux la moustiquaire en gaze de soie verte, qui les enveloppa d'une atmosphère de rêve, tandis que la douce lueur de la lune emplissait la chambre, et que la petite lampe de bronze, devant la déesse de la mer et de l'amour, brillait dans un angle, comme une étoile.

VI

LES LARMES

DES

MARCHANDES DE SOURIRES

VI

LES LARMES DES MARCHANDES DE SOURIRES

Il est parti, le joli prince aux yeux de velours, et l'Oiseau-Fleur, tout anéantie, songe à lui, le long des nuits et des journées.

Après une semaine entière d'un merveilleux bonheur, il s'est arraché d'auprès d'elle, mais c'est pour la conquérir. Certain, maintenant, qu'elle n'a été qu'à lui, il a juré de nouveau qu'elle ne sera à aucun autre; et il est parti, décidé à affronter la colère de ses parents, à lutter contre leur volonté, à triompher de tous les obstacles. Yamato, consterné et plein d'effroi, l'a suivi, promettant néanmoins, lui la cause première de toute l'aventure, de servir de son mieux son noble ami.

Et elle est là, au milieu des fleurs, assise dans la galerie extérieure de sa maison, la belle solitaire, revivant son bonheur, et si enveloppée de souvenirs brûlants, qu'elle est heureuse encore dans sa tristesse.

Mais voici que, tout à coup, on entend, au rez-de-chaussée, un bruit de voix claires, et le cliquettement des hautes chaussures de bois, que l'on détache.

— Qu'est-ce donc?

Broc-d'Or rentre vivement, se penche et regarde, par dessus la rampe de l'escalier.

— Les plus célèbres *oïrans* du Yosi-Wara, dit-elle, qui viennent rendre visite à ma noble maîtresse.

Déjà, les fières courtisanes montent lentement l'escalier de bois précieux, tandis que leurs suivantes, restées en bas, jacassent entre elles; et c'est un bruit de volière dans toute la maison.

L'Oiseau-Fleur s'est levée et rentre aussi, pour recevoir les visiteuses. Elle soulève sa main droite et cache sa bouche derrière sa longue manche brodée, ce qui est une façon câline et gracieuse de saluer.

La première qui entre s'appelle Ko-

Mourasaki, Petite-Pourpre. C'est une personne très orgueilleuse d'elle-même. On la recherche beaucoup, mais sa conquête flatte l'amour-propre, plus qu'elle ne charme le cœur.

Elle a une figure longue et aristocratique, très blanche, le nez busqué, les yeux grands, à peine bridés, avec les sourcils rasés, et repeints très haut sur le front. Comme ses dents ne sont pas très belles, elle les a fait laquer en noir, à la façon de beaucoup de femmes du monde, et son sourire est singulier. Dans sa toilette, elle affecte une certaine simplicité de bon goût. Sa robe, en crêpe couleur olive, n'a d'autres broderies qu'une bordure de vagues, en satin plus clair, montant jusqu'à mi-jambes et, près de l'épaule, les armoiries, qu'elle s'est choisies : un zigzag bizarre, enfermé dans un cercle ; sa ceinture souple est en soie rose unie, et sur son manteau, couvert tout entier par un fantastique dragon noir, on ne voit de l'or qu'en minces fils, indiquant les écailles, et, en perles, pour former les yeux.

Ko-Mourasaki tient à la main, comme un bâton de commandement, sa mince pipette d'argent ciselé.

Celle qui vient après elle, c'est Tama-Koto, la Guitare-de-Jade, longue, frêle et jolie, extrêmement rêveuse et nonchalante. Elle est vêtue d'une robe bleu pâle, si souple qu'elle semble mouillée : son manteau traîne loin derrière elle : on y distingue, brodé en couleurs naturelles sur un fond d'or, le portrait du beau Nari-Hira, l'illustre poète, le fier guerrier, l'incomparable séducteur. La jeune courtisane a pour ce héros d'autrefois une grande passion ; elle le pleure souvent, la nuit, car, à travers les siècles, c'est lui qu'elle aime.

Ko-Tsio, le Petit Papillon, et Vaca-Yanaghi, le Jeune Saule, entrent ensemble. La première est mignonne et gracieuse, avec une figure ronde, couleur de crème, des yeux gais, une bouche exquise, pareille à une petite rose épanouie. Sa tête est tout hérissée d'épingles, et elle semble avoir peine à traîner sa toilette, lourde de broderies. La seconde est une espèce d'idole, au visage immobile et blafard, aux longs yeux, ouverts à demi, qui semblent perdus dans un rêve. Elle a, sur la lèvre inférieure, une petite tache d'or ; sa robe est en soie jaune et son manteau en brocard d'or, semé de chrysantèmes d'argent.

Après l'échange des formules de politesse, les belles visiteuses s'asseyent sur les *tatamis* couleur de neige, qui couvrent le sol, et s'accoudent aux riches coussins, épars çà et là.

— Nous avons appris le bonheur qui vous arrive, dit Ko-Mourasaki, et nous venons vous féliciter. Toute notre ville se réjouit avec vous, et l'on vous a proclamée reine du Yosi-Wara !

— Je suis très flattée de cette attention, répondit l'Oiseau-Fleur, mon bonheur est extrême, en effet ; si grand qu'il m'aide à supporter les chagrins de l'absence.

— Alors, c'est bien vrai ! s'écria Guitare de Jade, un prince, aussi beau que Nari-Hira, a été votre premier amant et veut vous libérer, pour vous faire princesse?

— C'est vrai. La déesse Benten, que j'ai tant priée, m'accorde cette insigne faveur.

— Montrez-nous les cadeaux que vous a faits le prince, ils doivent être magnifiques, dit Petit Papillon, avec des yeux luisants de curiosité.

L'Oiseau-Fleur dégagea des plis de sa ceinture un élégant poignard, au fourreau d'argent, incrusté d'or.

— Voici son unique présent, dit-elle.

Alors, ce furent des exclamations :

— Comment! un poignard! rien qu'un poignard!... Ce beau prince n'est donc pas généreux?...

— Puisqu'il donne tout, les cadeaux sont superflus, dit Ko-Mourasaki.

— Le prince a acheté ma liberté, jusqu'à un jour fixé, où il doit revenir pour m'emmener, dit l'Oiseau-Fleur; si, par un malheur, dont le ciel me garde! il était retenu loin de moi, retombée dans l'esclavage, on voudra me contraindre à être infidèle! Alors ce poignard sera la clé de ma prison; grâce à lui, je pourrai m'évader d'ici, aller attendre mon bien-aimé dans le séjour des ombres.

Il y eut un silence. Toutes les belles oïrans étaient pensives, et Ko-Mourasaki, penchée sur le poignard, l'examina avec attention.

Les *kamélos*, jeunes servantes de douze à treize ans, avaient apporté les boîtes à fumer et servi le thé. On se passa de l'une à l'autre le brasero, et de minces spirales bleues montèrent vers le plafond.

Ko-Mourasaki regardait toujours le poignard ; elle l'avait tiré à demi de sa gaîne et essayait le tranchant sur son doigt mignon. Puis, d'un mouvement vif, elle éteignit l'éclat cruel de la lame dans l'ombre du fourreau et dit d'une voix grave :

— La mort !... La mort volontaire, permettant d'éluder un ordre tyrannique, qui nous humilie, c'est Elle seule qui nous rend un peu de vraie noblesse, à nous, pauvres simulacres de princesses que nous sommes !

Petit Papillon frappait ses mains l'une contre l'autre, avec épouvante :

— Mais c'est affreux de se faire mourir! s'écria-t-elle, nous si soigneuses de nos personnes, si délicates, si douillettes! Comment pourrions-nous nous faire du mal, avec des poignards ou du poison?... C'est là une chose impossible, qui n'est jamais arrivée.

— Jamais arrivée!... dit Ko-Mourasaki avec un sourire noir, nous n'en finirions pas, si nous contions les histoires de suicides, qui se sont produits, dans l'enceinte seule du Yosi-Wara.

— Vous savez de ces histoires?...

— Nous en savons toutes.

— Ah! je vous en prie, racontez-les, dit Petit Papillon avec un air de câlinerie suppliante, moi, je n'en sais aucune.

— Si l'Oiseau-Fleur, notre reine, le trouve bon, je veux bien vous conter ce que je sais, dit Ko-Mourasaki.

— J'entendrai ces histoires avec le plus grand intérêt, dit l'Oiseau-Fleur, moi qui, peut-être, en fournirai une de plus à la collection.

— N'ayez pas de pareilles idées ! s'écria Jeune Saule ; prévoir le malheur, cela l'attire. Mais je vous donnerai un talisman infaillible, et votre prince reviendra.

— Merci, mille fois ; je le porterai avec reconnaissance.

— Nous écoutons, dit Petit Papillon, en se tournant vers l'imposante Ko-Mourasaki.

Celle-ci but une gorgée de thé et reposa sa tasse sur le plateau.

— La personne dont je vais vous parler, dit-elle, vous l'avez toutes connue. On l'appelait : La Perle.

— Certes, nous la connaissions, dit Guitare-de-Jade; voilà moins d'un an qu'elle est morte, en pleine floraison de sa beauté.

— Mais, par peur de l'exemple, on a soigneusement caché la façon dont elle est morte. Moi, sa plus intime amie, je fus avertie, en secret, par sa suivante favorite, et j'ai su toute la vérité.

— Je m'étais toujours doutée que cette mort n'était pas naturelle, dit Jeune Saule.

VII

BARBARE D'OCCIDENT

VII

BARBARE D'OCCIDENT

Voici, dit Ko-Mourasaki :

— La Perle était extrêmement belle, très fière et très savante. Comme vous, Guitare-de-Jade ; elle avait étudié l'histoire ancienne avec passion, et gardait, au plus haut point, l'amour et l'orgueil de son pays. Aucune, comme elle, n'avait l'aspect d'une princesse des temps passés. Elle étudiait les modes d'autrefois, avec une attention extraordinaire, les copiait, jusqu'aux plus minces détails. Dans sa maison, tout portait la marque des jours disparus; elle avait des pages, des écuyers, revêtus d'armures et armés de sabres. Mieux qu'aucune de nous, elle parlait l'idiome de Yamato, la langue du huitième siècle, n'y mêlant jamais aucune locution moderne, et, lorsqu'ils n'étaient pas nobles, elle embarrassait, jusqu'à leur faire perdre contenance, ses amants d'une nuit, en leur débitant, d'une voix moqueuse, des discours auxquels ils ne comprenaient rien.

A cause de tout cela, sa célébrité était extrême. On parlait d'elle d'un bout à l'autre de Tokio, ses portraits étaient exposés partout, et, même, on l'avait photographiée, par surprise, car jamais elle n'aurait consenti à une pareille chose. Tout ce qui était moderne, naturellement, lui faisait horreur, et elle traitait avec un tel mépris, les jeunes hommes affublés des affreux vêtements des Occidentaux, qu'aucun n'osait se présenter devant elle, sans avoir repris le costume national.

Un soir, on vint prévenir La Perle qu'un très riche seigneur, amoureux d'elle, sur la foi de ses portraits et de sa réputation, désirait la voir. Sans tarder, elle fit appeler ses servantes, et se prépara pour la présentation.

Ko-Mourasaki frappa sa pipette d'argent, pour en faire tomber la cendre, sur le bord de la boîte de laque ; puis continua son récit :

— La Perle s'avança lentement, comme c'est l'usage, pour traverser la baie, ouverte sur le salon de réception. En passant, elle jeta un regard, par dessus l'épaule, vers l'homme qu'on lui présentait. Alors, elle eut un brusque haut-le-corps, ses sourcils remontèrent, sa bouche se crispa de mépris, et, sans même saluer, elle passa très vite, faisant signe à sa servante qu'elle refusait le personnage. C'était un Occidental, un homme de haute taille, à la figure rouge, au grand nez, avec des yeux bleus, tout ronds, et une barbe rousse, ébouriffée et touffue, qui le faisait ressembler à une bête. La Perle était rentrée dans sa chambre, très irritée. Du bout de son éventail, elle éparpillait les fleurs des bouquets, brisa même quelques vases précieux et jeta loin d'elle son manteau de cérémonie.

— Comment peut-on me faire une pareille insulte? s'écria-t-elle, à moi qui aime mon pays par dessus tout, et qui souffre des mœurs nouvelles, tellement, que je ne vis que dans le passé? Comment a-t-on pu croire que j'accueillerais cet étranger, pour lequel toute ma personne se soulève de dégoût?

Et elle gronda ses servantes de ne pas l'avoir avertie. Si elle avait su, elle ne se serait pas même laissée voir.

Le lendemain, l'étranger se présenta encore, mais La Perle, maintenant sur ses gardes, ne voulut pas paraître. Elle lui fit dire que, revînt-il tous les jours de l'année, elle le refuserait toujours.

La pauvre femme oubliait trop, qu'elle

était esclave. Ceux de qui elle dépendait vinrent lui faire des remontrances. Elle avait des fantaisies ruineuses. Sa maison, montée à la façon d'un château d'autrefois, coûtait d'énormes sommes; des envoyés couraient tout l'empire, pour lui acheter des objets anciens, qui devenaient de plus en rares. Sa dette était effrayante, sa vie entière ne suffirait pas pour la payer, sans le hasard d'une occasion extraordinaire. Cet Occidental, fabuleusement riche, très enflammé pour elle, surtout depuis qu'il l'avait vue, la voulait à tout prix, et à tout prix n'était pas, dans sa bouche, une manière de parler : il était capable de la libérer complètement, de payer tout ce qu'elle devait. Si elle refusait une pareille aubaine, on serait obligé de vendre tout chez elle, de la dégrader de son titre d'oïran, de l'exposer, avec les courtisanes de rang inférieur, derrière les barreaux des devantures.

La Perle courba la tête, elle ne pouvait que se soumettre. Elle déclara qu'elle consentait à recevoir l'étranger. Celui-ci commanda un festin magnifique, fit venir des acteurs célèbres, qui jouèrent et chantèrent, accompagnés par un orchestre complet. La Perle, immobile et muette, ne toucha à aucun mets, ne regarda rien; pas une seule fois elle ne leva les yeux sur l'étranger; elle les tenait obstinément baissés, pâle, glacée, effrayante comme un fantôme. Le festin terminé, elle se leva et passa dans sa chambre, comme pour changer de toilette. Sa suivante la rejoignit presque aussitôt; mais, dès le seuil, elle poussa un cri terrible, qui fit frémir tous les assistants : La Perle gisait dans un lac de sang. Elle s'était coupé la gorge, avec un sabre ancien, qui avait appartenu au shogun Taïko-Sama!...

Toutes les oïrans eurent un geste d'effroi; Petit Papillon cacha son visage, en criant, contre l'épaule de Jeune Saule, qui, seule, n'avait pas perdu son impassibilité d'idole, et entr'ouvrait seulement ses lèvres minces, ornées d'un trait d'or.

— Cette mort est digne des temps passés, dit l'Oiseau-Fleur; La Perle méritait de vivre aux époques héroïques, qu'elle a tant aimées.

— Elle n'a même aimé que cela, dit Ko-Mourasaki.

— C'est justement ce qui me surprend le plus, dit Guitare de Jade. Comment a-t-elle puisé le courage d'une mort aussi cruelle, dans la seule répugnance d'un être d'une autre race ? Elle n'avait d'amour pour personne, et il me semble que l'amour, seul, donne le désir et la force de mourir.

— Comment savez-vous cela ? demanda Petit Papillon ; vous n'avez jamais été amoureuse.

— Personne n'ignore que j'ai livré mon cœur à une passion, impossible, pour un divin poète, mort il y a neuf cents ans. Cela me préserve de toute faiblesse, et me permet de n'éprouver qu'une paisible indifférence, pour tous les hommes que je reçois. Mais s'il fallait renoncer à mon rêve, renier mon idéal amant, je préfèrerais mourir. Un prince, m'offrît-il même de m'épouser, je ferais comme a fait La Sarcelle de Soie.

— Qu'a-t-elle fait?... Dites! dites!... s'écria Petit Papillon, qui voulait encore avoir peur.

— Personne de vous ne connaît l'histoire de La Sarcelle de Soie? Elle est célèbre cependant; on parle souvent de cette héroïne, et ses portraits sont encore exposés au Yosi-Wara.

— Je l'ai entendue nommer, dit Ko-Mourasaki, mais je ne sais qu'une partie de son histoire.

— Si notre reine le permet, dit Guitare de Jade en s'inclinant, je vous raconterai ce que je sais.

— Je suis curieuse de vous entendre, répondit l'Oiseau-Fleur.

VIII

AU POIDS DE L'OR

VIII

AU POIDS DE L'OR

— Sans être très ancienne, cette histoire n'est pas d'aujourd'hui, dit Guitare de Jade; elle s'est passée au temps où les seigneurs portaient encore des sabres, où le Japon, fermé aux étrangers, gardait jalousement les traditions et le parfum des temps disparus... Il y a trente ou quarante ans, peut-être, Sarcelle de

Soie était, comme nous toutes, belle, insoucieuse et esclave ; le soin de sa personne, ses toilettes, ses coiffures, la bonne tenue de sa maison, l'occupaient uniquement. Aucun des hommes qu'elle recevait n'était parvenu à toucher son cœur, jusqu'au jour, où elle rencontra le samouraï Kaïdo. C'était le vassal d'un prince très malheureux, qui avait été vaincu, après de longs combats, par une maison rivale, avait vu ses Etats envahis, son château dévasté, ses trésors pillés, et s'était enfui, avec sa famille, on ne savait où. La ruine du maître fut, du même coup, naturellement, celle des serviteurs, et le charmant Kaïdo, était très pauvre.

Lorsqu'il vint au Yosi-Wara, il accompagnait un ami, plus fortuné, et était seulement invité au souper. Mais Sarcelle de Soie, touchée au cœur pour la première fois, n'avait de regards que pour lui. Elle improvisa même un *outa* à son adresse :

« Je ne puis pas dire son nom ; mais, ô bonheur ! il y a ici un jeune homme pour lequel, volontiers, je donnerais ma vie ! »

Kaïdo, très ému, lui aussi, avait bien compris, tout en feignant l'indifférence. Il revint, en secret, et fut l'amant adoré de Sarcelle de Soie. Elle ne voulut pas qu'il restât pauvre ; elle devint âpre au gain, pour être à même de l'enrichir. Elle était passionnément aimée, heureuse, et pleine d'espoir en l'avenir : le jeune samouraï lui avait promis, dès qu'il aurait pu s'assurer une position, de la libérer et de l'épouser. Mais ce ne fut pas cela qui arriva.

Le prince souverain de Satsouma, vit la belle oïran et s'en éprit follement. Il déclara, qu'il la voulait mettre au rang de ses épouses, et qu'il était prêt à payer ce qu'on exigerait.

Cette nouvelle, jeta les deux amants dans le désespoir : c'était la fin de leur amour, la séparation éternelle. Le prince de Satsouma était trop puissant, pour que l'on pût songer à lui résister : ils étaient bien perdus.

Cependant, Sarcelle de Soie, essayant de lutter, eut l'idée de demander, pour son rachat, une somme extravagante : elle déclara, qu'elle ne suivrait le prince, qu'à la condition qu'il la payât son poids d'or. Le seigneur de Satsouma, qui était un seigneur comme il n'y en a plus, ne fit aucune objection. Il ordonna de construire des balances, et fixa le jour du départ.

Ce jour venu, Sarcelle de Soie, consternée, se mit dans la balance, en priant le ciel que le poids de son chagrin la rendît plus lourde que du plomb. Elle avait rempli ses manches de pierres, et de toutes sortes d'objets pesants; mais le prince, impassible, faisait entasser l'or sur l'autre plateau, et bientôt, Sarcelle de Soie, cramponnée aux cordes, fut enlevée très haut. Elle ne s'appartenait plus.

Il fallut partir, et dévorer ses larmes. Un cortège magnifique, la conduisit du Yosi-Wara jusqu'au port, où une belle jonque, toute pavoisée des bannières du prince, l'attendait.

Les yeux troublés de pleurs, Sarcelle de Soie vit s'éloigner le rivage, disparaître la ville, où son cœur était resté. Elle ne pouvait croire que tout fût fini ainsi, que Kaïdo ne tentât rien, pour l'apercevoir, au moins, une dernière fois.

Une barque s'était détachée du rivage, légère et rapide; sa voile gonflée, elle volait sur la mer, approchant très vite du lourd et majestueux navire. La pauvre amante, regardait de toutes ses forces cette barque : c'était lui qui la conduisait, elle en était sûre. Mais le prince s'était approché, une coupe de saké à la main.

— Ma princesse, dit-il, buvez à nos amours.

Déjà elle distinguait le pâle visage de Kaïdo ; la barque était toute proche, l'amant lui tendait les bras. Alors, elle comprit ce qu'il voulait d'elle. Elle vida la coupe d'un trait.

— A toi, Kaïdo ! cria-t-elle.

Et elle s'élança dans la mer.....

— Mourir pour celui qu'on aime, cela me paraît aussi simple que de respirer, dit Jeune Saule, celle qui ressemblait à une idole ; ce qui, à mon avis, est le plus terrible, c'est de supporter le désespoir, d'avoir la force de vivre, avec le cœur desséché, pour réaliser quelque secret dessein, ou obéir à un mort chéri. A cause de cela, l'histoire de la Princesse Inconnue est celle qui revient le plus souvent dans mon esprit, et alors ma gorge se serre, je respire avec peine, et je me retiens de pleurer.

— Vous avez toujours refusé de nous confier cette aventure, que vous êtes seule à savoir, dit Ko-Mourasaki non sans amertume, le mystère qui enveloppe celle que l'on a surnommée la Princesse Inconnue, préoccupe toutes les oïrans du Yosi-Wara, et a fait travailler toutes les têtes. A mesure que le temps s'écoule, cela s'apaise un peu ; l'éloignement tend ses voiles, et l'oubli les double ; cependant, ils sont encore assez légers pour que le moindre souffle de souvenir les écarte et découvre, aussi vif qu'aux premiers jours, l'intérêt qu'inspire cette histoire, jamais contée.

— Puisque Vaca-Yanaghi en a parlé la première, dit Guitare-de-Jade, elle nous doit l'histoire de la Princesse Inconnue. On ne remet pas l'or dans sa manche, après l'avoir montré aux mendiants.

— Que notre reine ordonne, puisqu'elle est toute-puissante, dit Petit-Papillon; qu'elle vienne en aide à la curiosité de ses sujettes.

L'Oiseau-Fleur se tourna en souriant vers Jeune Saule, dont l'impassible et blême visage aux yeux demi-clos, ressemblait plus que jamais à la face d'albâtre d'une Idole.

— J'avoue avoir bien souvent rêvé à cette mystérieuse princesse, lui dit-elle, et ma curiosité royale, se joint à celle de mon peuple.

— Mon intention était de vous dire l'histoire, répondit Jeune Saule, seule la grande jeunesse de Ko-Tsio, me fait hésiter, car je dois vous demander le serment, de ne rien répéter des choses que je vais vous révéler ; et pourra-t-elle tenir sa promesse, presque encore enfant, comme elle l'est ?

Ainsi que se dresse le serpent lové sur lui-même, au milieu du cercle soyeux de ses robes, Petit Papillon se leva, les yeux pleins de colère.

— L'enfant qui, plus tôt que d'autres, a mérité le grade d'oïran, dit-elle d'une voix frémissante, avait sans doute des qualités, que des femmes, moins favorisées, ont mis plus longtemps à acquérir.

Elle était charmante, dans son attitude de défi, avec le grand disque d'or, formé par son peigne, derrière sa nuque. Les courtisanes, étendues sur les nattes, de bas en haut, l'admiraient en souriant.

Seule l'Idole, toujours impassible, ne levait pas la tête.

— Ne vous fâchez pas, Ko-Tsio, dit-elle, la jeune tige, plus belle que la branche faite, ne s'irrite pas d'être fragile. Il y a des remords dans mon inquiétude : celui de qui je tiens l'histoire mystérieuse, a, par faiblesse pour moi, trahi le secret; et, vous voyez, je vais le trahir aussi, par amitié pour vous, moi qui suis la fleur éclose et non plus le gracieux bouton.

— Voulez-vous que je me retire? demanda Petit Papillon.

— Je voulais faire résonner un peu plus fort, en votre mémoire, la gravité du serment; maintenant je suis tranquille, dit Jeune Saule.

— Merci! moi qui crains la mort, je jure que je veux mourir, si je ne suis fidèle.

Et d'un mouvement brusque et souple, Petit Papillon s'affaissa de nouveau dans le moutonnement de ses robes.

— Nous vous écoutons, Vaca-Yanaghi, dit l'Oiseau-Fleur.

— Qu'on éloigne les kamélos, dit Jeune Saule.

Et, seulement quand toute les jeunes suivantes eurent disparu, par l'entrebâillement d'un panneau que la dernière referma sur elle, elle commença.

IX

LA PRINCESSE INCONNUE

IX

LA PRINCESSE INCONNUE

— Un soir, — il y a déjà plus de vingt ans et aucune de nous n'était hors de l'enfance, alors — un norimono élégant, mais sans insignes, entra dans l'enceinte du Yosi-Wara, porté par deux hommes, qui dissimulaient leur visage, sous la coiffure de *ronine*[1], et qui s'éloignèrent,

---

1. C'est une sorte de cloche, entrant jusqu'au

en emportant le véhicule, dès que celle qui l'occupait en fut descendue.

C'était une jeune femme, très grave et très belle; du type aristocratique le plus pur.

Elle fit venir la gouvernante d'une des principales maisons vertes, et, de l'air hautain, avec le parler nonchalant et dédaigneux, d'une vraie princesse, elle déclara vouloir être enrôlée, dans la phalange des princesses fictives. C'était un ordre plutôt qu'une prière : la gouvernante était tentée de se prosterner, ses genoux ployaient d'eux-mêmes, d'autant plus que l'inconnue ne demandait aucun

cou et à travers laquelle sont ménagés des jours. Cette coiffure masque était portée par les vassaux mutins des princes. On les appelait alors : Ronines, espèce de chevaliers errants, quelquefois brigands.

paiement contre son engagement, offrait au contraire une somme importante pour ses frais d'installation. Elle faisait ses conditions, par exemple : Admise d'emblée au grade de grande oïran, elle ne recevrait que des hommes originaires de la principauté d'Hikone, et ne les recevrait qu'une fois. La gouvernante, extasiée, consentit à tout. Et, pendant plusieurs années, longues et lourdes, sans doute, l'inconnue vécut au Yosi-Wara, sous le nom de Glaive-Noir, qu'elle s'était choisi.

Mystérieuse et triste, hors de son service, elle ne parlait à personne, et, à cause de cela peut-être on ne parlait que d'elle. Combien s'abaissèrent au mensonge et jurèrent être nés à Hikone, pour être admis auprès d'elle !

Tous se taisaient, après l'unique entrevue, avec un inconsolable regret.

Un matin, les kamélos, en entrant chez Glaive-Noir, trouvèrent l'amant d'une nuit, égorgé, en travers du lit.

Elles s'enfuirent, en hurlant, et, bientôt, toute la Cité-d'Amour fut révolutionnée. La police fit fermer les portes du Yosi-Wara, espérant que la meurtrière ne s'était pas encore échappée. Mais on la découvrit, presque aussitôt, sous un bosquet de son jardin, la face contre terre, un poignard, armorié, planté jusqu'à la garde dans le cœur. On eût dit qu'elle l'avait enfoncé là, avec une frénésie joyeuse, comme on enfonce dans une serrure la clef qui vous délivre. Un rire de triomphe étirait ses lèvres mortes, qu'on n'avait vu jamais, vivantes, sourire.

Les armoiries du poignard étaient celles d'une famille complètement éteinte. L'homme égorgé fut reconnu pour un dignitaire de la cour, et aussitôt le silence se fit, les voiles retombèrent, on défendit d'interroger et de parler. Glaive-Noir, et sa victime, furent emportés hors du Yosi-Wara, et l'on n'a jamais rien su.

Jeune-Saule se tut, et versa du thé dans sa tasse.

Toutes les oïrans, modulèrent un, ah ! de désappointement.

— Nous connaissions, à peu près, ce que vous venez de nous redire, déclara Ko-Mourasaki. Ne savez-vous donc rien de plus ?

La tache d'or, qui décorait la lèvre inférieure de Jeune-Saule, frémit légèrement dans une ébauche de sourire. A petits coups, elle but son thé, reposa la tasse, et reprit.

— Peu après mes premières amours, au Yosi-Wara, un vieux seigneur, s'éprit de ma personne, au delà de mes mérites. Mais, il ne me plaisait guère, et, malgré les propositions avantageuses qu'il me faisait, je ne me décidai pas à l'accueillir. J'appris, un jour, qu'il avait été chef de justice et que c'était lui qui était venu faire les constatations officielles, lors du meurtre et du suicide, qui nous préoccupaient toujours. Mon indifférence pour lui cessa subitement, et, à la condition qu'il me parlât de cet événement, je voulus bien causer avec lui.

Je le fis souffrir : déchiré, entre son

amour et son devoir, l'un voulant le faire parler, l'autre ordonnant le silence, il était vraiment à plaindre. Bref, je l'affolai si bien, qu'il m'avoua avoir en sa possession, le manuscrit trouvé sur le cadavre de Glaive-Noir, et dans lequel elle avait elle-même relaté, jour à jour, une partie de sa vie. Lire ce manuscrit ce fut, dès lors, le prix de mes faveurs et je n'en voulus aucun autre.

— Vous l'avez lu ? s'écria Petit Papillon tout émerveillée.

— Le brave juge résista longtemps. Un soir enfin il apporta le précieux rouleau, et me le laissa lire, quand nous fûmes seuls, après que je lui eus juré de ne jamais le trahir. Pour dormir il plaça le rouleau sous le matelas du lit. Au milieu de la nuit, je parvins à le tirer de là sans éveiller le dormeur, et, à la faible lueur d'une lanterne, je le copiai, d'un bout à l'autre...

— Vous l'avez copié ?...

Cette exclamation s'échappa de toutes les lèvres, et même l'Oiseau-Fleur se pencha en avant, la bouche entr'ouverte, distraite un moment de son rêve.

Jeune-Saule porta la main à sa coiffure, ce qui fit tomber jusqu'à l'épaule sa lourde manche et mit à nu son bras, blanc comme du papier. Elle ôta, de l'ornementation compliquée de ses cheveux, un étui en laque d'or, presque entièrement dissimulé sous les ailes du chignon. L'étui ouvert, elle en tira un rouleau de soie fine et le tint au bout de ses doigts.

— Le juge est mort durant la dernière lune, dit-elle, il n'y a plus de témoin du serment. Et, d'une saccade, elle fit le manuscrit déroulé, courir comme une coulée de lait, sur les nattes.

— Votre silence est éloquent, ajouta-t-elle, je n'ai pas besoin de vous dire : écoutez.

Elle lut.

Château de Fusimi, la 1re année de Gengi, au 6e mois [1].

« Après deux cents ans d'une paix heureuse, la guerre civile éclate, hélas!...

» O! brutale douleur ! Nouvelle funeste!... C'en est fait du charme de la vie. Un buffle furieux a brisé la barrière

---

[1]. Juillet 1864.

de l'enclos et piétine les fleurs ravissantes. Hélas! hélas! les sentiments les plus subtils, vont être pétris avec la boue et le sang!

» Dans l'alcôve désertée, les cordes de la lyre, avec un tintement lugubre, se brisent d'elles-mêmes!

» L'angoisse serre ma gorge; pourtant mes larmes ne peuvent pas couler : l'ouragan déchaîné ne laisse pas tomber la pluie!

∴

» Comment durcir nos cœurs? comment retrouver l'énergie et la force, après ces longues années de voluptueuse mollesse? Les sabres, aux gardes embellies d'oiseaux d'or et de fleurs d'argent, ne sont plus que des parures, dans les ceintures de soie.

» Les princes, passaient leur vie en contemplation de la nature. Nonchalamment accoudés au rebord des terrasses ; ils chantaient, rêvaient ; écrivaient sur du satin, des vers. Epris de toutes beautés, savourant les sensations nobles et les mille nuances de l'amour.

» Les corps suaves, imbibés de parfums, comme ils vont être meurtris par la lourde et rude cuirasse ! Comment les mains délicates, emprisonnées dans le dur gantelet de corne, pourront-elles saisir la lance et l'épieu pesant ?

.*.

» O fils des héros ! Vous voilà debout ;

fiers et indignés ; méconnaissables, sous l'habit de guerre ! Le cœur cuirassé aussi, car voilà que vous brisez l'interminable adieu de désespoir !...

» Il n'y a plus que le bruit des pas qui s'éloignent... des pas sans retour... hélas !...

» La face contre terre, je mords mes cheveux, pour étouffer mes sanglots.

.˙.

» La honte et l'orgueil me relèvent, pourtant. Vais-je donc crier, sous la douleur, comme une simple femme des rizières, moi princesse, de l'illustre clan de Nagato, fille d'honneur de notre suzeraine ?...

» Ah ! c'est que l'amour venait d'éclore dans mon cœur... et... sans l'excuser, l'amour seul explique la lâcheté.

» Que se passe-t-il ? d'où vient le coup, qui anéantit le peu que je suis ? Je l'ai reçu, sans le comprendre. Maintenant il faut savoir, et suivre, de l'âme, ceux qui combattent.

.˙.

« *Honneur au Mikado ! hors les étrangers !* » tel est le cri de bataille.

» Les barbares de l'ouest, souillent de leur présence le sol sacré du Japon. Leurs navires jettent l'ancre dans nos ports ; les vils marchands, de ces nations inconnues, viennent faire leurs trafics. Mais ce n'est là qu'un prétexte, ils convoitent notre beau pays, et emploient toutes sortes de ruses, pour nous abuser.

» Le Shogun a eu la faiblesse de céder à ces barbares, de leur permettre ce qui est défendu, d'échanger avec eux des promesses écrites.

» L'orgueil du pouvoir l'a égaré.

» Après tant d'aïeux puissants, le Shogun ne se souvient pas, qu'il ne règne qu'au nom du divin Mikado, et qu'il n'est qu'un esclave ? Il a osé signer des conventions avec les étrangers, sans l'agrément du fils des Dieux, à cause de cela la dynastie des Tokougava sera détruite.

» *Le souffle exhalé ne revient jamais aux lèvres de l'homme.* Les ordres du Mikado ne peuvent être rapportés. Ne pas y obéir, est un crime dont on n'a jamais eu l'idée. Et voici que ce crime est près d'être commis.

» *Que les étrangers soient rejetés hors de notre empire, ainsi que la poussière est chassée par le balai.* »

Tel est l'ordre méprisant de l'empereur céleste. Mais le Shogun l'élude, retarde le moment d'obéir, sous prétexte qu'il y a des traités, et que ces barbares ont, dans leurs navires, de terribles engins de destruction.

» Quelle honte ! Trembler devant les étrangers ! Craindre de les irriter, quand on ose mécontenter le Mikado, et tous ses aïeux divins !

.*.

» Notre Suzerain : Matsudaira Daïzen-no-Daïbou, prince de Nagato, n'a pas pu endurer cette humiliation, et c'est à notre clan, que revient l'honneur d'avoir attaqué le premier.

» Des châteaux forts de Nakatsu et de Nokura, qui défendent le détroit de Simonosaki, les batteries ont tiré, sur des navires étrangers, qui franchissaient la passe.

» Et, à cause de cela, on blâme notre prince. Le Shogun, suivi de sa cour est allé, de Yédo, à Kioto se prosterner devant le voile du trône céleste. Par des insinuations perfides il veut persuader au Mikado, qu'il faut user de ménagements, avec les barbares :

» Il est parvenu à convaincre l'In-no-Mya (1ᵉʳ ministre) et notre illustre seigneur doit s'excuser. Son fils, le charmant Nagato-no-Kami, se rend à Kioto.

.

» Oh! qu'elles sont lourdes au cœur les journées de solitude, d'angoisse et d'attente! Elles semblent interminables et pourtant, comme toutes se ressemblent, les mois passent, sans laisser d'autre souvenir que celui d'une monotone souffrance.

» Dans ce grand château de Fusimi, sauf la garnison, qui veille aux murailles, il n'y a plus que les femmes. Notre princesse réside au château d'Hagi, et l'ordre ne nous est pas parvenu de la rejoindre.

» Aucun service ne nous appelle plus. Les robes de cour, comme de belles mortes au cercueil, sont couchées dans les coffres parfumés. Qui donc les réveillera ? Quand donc, la houle bruissante des satins et des brocarts, ondulera-t-elle encore, sur la blancheur neigeuse des nattes fines ?

» Hélas ! il semble bien que tout est fini. La perspective des salles, par les châssis entr'ouverts, reste toujours vide. Seul, le messager que guette l'anxiété, parfois, apparaît au loin sur la lumière des jardins, s'avance et se prosterne, apportant de confuses nouvelles.

» Oh douleur ! il n'est plus le temps, où nous savourions chaque heure comme un fruit mûr ; ou quelque fête de l'esprit, était le cœur de chaque jour. Alors, aucune grâce de nos manières, aucune inflexion de notre beauté, n'était sans la récompense d'un regard ou d'un sourire. Ceux que nous courtisions nous accueillaient avec une bienveillance émue. Quand nous nous prosternions, pour l'hommage, nous nous épanouissions à leurs pieds, comme les fleurs des parterres : l'ardeur de leurs yeux était des rayons de soleil. Ils proclamaient la femme être l'accoudoir de leur âme, la parure de leur pensée...

» Maintenant la femme n'est plus rien : sa beauté inutile est une floraison ignorée du printemps.

.*.

» Les nouvelles deviennent terribles; l'empire se déchire en lambeaux. Le clan de Nagato, désapprouvé pour avoir obéi, se révolte. Les samouraïs de notre prince, ont jeté le casque et pris la coiffure masque de ronine. Ils parcourent les routes et combattent en soldats libres, pour venger l'honneur de leur daïmio méconnu.

» *Mort aux étrangers!* est plus que jamais leur cri de combat. Ils égorgent ces intrus, quand ils les rencontrent, ayant l'audace de braver notre haine, en foulant le sol du Japon.

» Mais le Shogun les soutient toujours; veut des représailles pour les meurtres, et cherche à convaincre le Mikado, qu'il faut ménager ces importuns.

» *Qu'ils soient dispersés comme la poussière avec le balai* ».

» Les grands daïmios de l'empire se

groupent autour du Fils des Dieux ; d'autres soutiennent le Shogun, et la confusion est affreuse.

» Oh ! les jours d'autrefois ! la fête des chrysanthèmes de l'an dernier, où, pour la première fois, entre des touffes d'or et de pourpre, celui qui a cueilli mon cœur, m'apparut, hautain et charmant !

» C'est l'anniversaire aujourd'hui, et je cache mon visage, sous ma manche trempée de larmes...

.·.

» Les Dieux ne vont-ils pas descendre sur la terre, pour nous châtier ?... Je ne puis croire le message effrayant qui vient d'arriver : Nagato veut marcher sur la capitale sacrée, attaquer les mauvais conseillers du Mikado, et reconquérir les bonnes grâces du maître. L'offense qu'il a subie explique cette folle audace; mais un tel sacrilège, va le perdre à jamais. Le feu et l'acier, la menace et la violence, autour des palais qui, depuis vingt siècles, sont le vestibule du ciel! le pieux silence, déchiré par les clameurs et les cliquetis d'armes! Le Fils des Dieux, attaqué par un homme!

» Malheureuse! ne vais-je pas, moi aussi, blâmer notre prince? Non, non, mon souffle est à lui, et le sacrilège serait, de ne pas être, même criminelle, avec lui.

» Ici, au château de Fusimi, nous sommes tout près de Kioto, au cœur même de la guerre.

* *

» C'était vrai, l'attaque est décidée. Nos troupes sont précipitamment rentrées au château.

» Tous les grands chefs sont ici; et c'est un tumulte extraordinaire, après l'anxieux silence de notre solitude.

» Est-il là, lui? osera-t-il tenter de me voir? Garde-t-il, sous la dure cuirasse, la fleur fragile d'amour? Voudra-t-il en aspirer un fugitif arome?

» Dans ma demeure, sous les grands cèdres, je guette sans relâche, à l'angle de la balustrade!

* *

» Il est venu!... Invisible, à travers

le bois de banbous. Il m'est apparu, à la faible lueur de la lune décroissante.

» A ma vue, son beau visage sévère s'est adouci... J'ai tendu les bras. Je me suis penchée, par dessus la balustrade, tandis que, s'aidant des branches et des poutres, il se soulevait jusqu'à moi.

» Ah! quel long baiser éperdu et avide!... Nous y avons bu, d'un seul coup, toutes les délices de l'amour.

» — Ma mort sera embaumée de toi! a-t-il dit.

» Et il s'est enfui!...

» — Pour jamais! pour jamais!

» Sur mon cœur, à grands coups, comme sur une cloche, heurtent ces mots.

» — Pour jamais! pour jamais!

.·.

» En pleine nuit, c'est le départ des combattants. Un bruissement, pareil à celui de la mer, emplit les jardins; par instants, des appels de trompette éclatent, et, de tous côtés, des lueurs rouges jouent l'incendie.

» Je ne puis y tenir! Cachant ma tête dans l'enroulement d'un voile sombre, par des chemins détournés, je cours aux remparts et j'en gravis la pente. Beaucoup de mes compagnes ont fait comme moi, et nous nous serrons, en un groupe tremblant. Oh! l'extraordinaire spectacle! à la clarté confuse des torches résineuses et des lanternes blasonnées. Depuis deux cents ans, que régnait la paix, tout ce harnachement de guerre restait invisible; nous ne le connaissions que par les peintures. Les voici donc, ces cuirasses pesantes; ces casques étranges, aux masques de bronzes, hérissés de poils, avec le rictus sur leurs dents d'argent! ces fouets aux lanières d'or, ces lances aux lames luisantes, de formes si diverses, ces orgueilleuses bannières qui soufflètent le vent.

» Oh! quel tableau superbe et terrible! dans l'angoisse de la nuit!

» Comme un fleuve noir sous l'arche d'un pont, l'armée coule sous la voûte du portail. Les soldats marchent d'un pas vif, qui sonne en imitant la grêle; les fossés franchis, ils s'alignent en carrés d'ombre, et restent immobiles, la lance au poing, ou la main appuyée sur la bouche de l'arme nouvelle, le fusil venu de l'occident. Des lueurs, comme des serpents rouges, montent le long des armes.

» Mais voici que le flot tarit, un instant, sous la voûte de la grande porte, qui reste vide, et aussitôt émergent de l'ombre, s'avancent, au pas de leurs chevaux, les trop grands chefs.

» D'abord, Masuda, qui commande la réserve, il est précédé des deux étendards sacrés. Sur l'un d'eux est brodée l'image du divin guerrier, Kantoni Daï-Miojin, venu du ciel pour soumettre le Japon ; sur l'autre, le portrait de Kora Daï-Miozin, ministre de l'impératrice Zin-Sou qui conquit la Corée, il y a seize siècles.

» Puis, vient, Echigo, gouverneur du palais où nous sommes, et, enfin, paraît Kounishi, le chef suprême...

» Il prend la tête de l'armée, et passe, très éclairé par les porteurs de torches, juste au dessous de moi et son image se grave à jamais dans ma mémoire.

» Devant lui, on porte la bannière du clan de Nagato où l'on voit la ligne horizontale surmontant trois boules, qui signifient : le premier grade.

» Les pièces de son armure de corne noire, sont liées par des points de soie verte, et jouent sur le vêtement de dessous, en brocart de Yamato. Son manteau de guerre est en gaze blanche et des dragons, peints à l'encre de chine au revers de l'étoffe, transparaissent comme une fumée. Il tient à la main le fouet de commandant aux lanières dorées. Il n'est pas masqué, et l'expression intrépide et implacable de son visage, me glace d'effroi.

» Il passe, et derrière lui, avec un bruit d'orage, roulent deux canons, gardés par trente soldats, armés de piques. Et les noires cuirasses défilent, presque invisibles, reflétant çà et là, comme ferait de l'eau, les torches fumeuses.

» Fukubara Echigo prend la même route; je le vois venir vers moi dans une clarté plus vive. Sous le casque de guerre en cuir bronzé, sa figure fière respire un héroïsme enthousiaste, qui émeut le cœur. Son manteau écarlate s'étale sur la croupe du cheval. J'aperçois sur l'épaule du prince son emblème brodé : le trèfle à trois feuilles. Des points pourpres attachent les pièces de l'armure.

» Déjà il est passé avec les bannières, ayant aussi derrière lui, des canons, et cinq cents cuirasses le suivent. Mais Lui, Lui! je n'ai pas eu le douloureux bonheur de le voir. Sans doute il est auprès de Masuda, qui a pris une autre route.

» Et toute cette armée, qu'accompagnent de grandes ombres dansantes, pareilles à des spectres noirs, et des nuages de fumée rougie, s'enfonce dans la nuit, disparaît...

» Longtemps, longtemps, nous écoutons le grand bruit rhytmé, qui s'éloigne.

. . .

» Qu'il est douloureux d'être femme, en de tels jours! Notre souffrance, stagnante et vaine, est presque impossible à endurer.

» Nous nous sommes réunies, toutes, dans le palais central; incapables de demeurer, seules, dans nos pavillons réservés.

» O ! le piétinement fiévreux, à travers les chambres vides, les mains crispées et froides, les brusques arrêts du cœur, à l'entrée d'un messager.

» D'heure en heure il doit nous en venir, pour nous empêcher de mourir d'angoisse. A peine le soleil se lève-t-il, et en voici un, déjà.

» Il s'est prosterné, et il me semble que ses larmes s'égrènent sur la natte blanche.

» Avec un tremblement nous attendons qu'il parle, sans oser l'interroger.

» — La Ville sainte est pleine de combattants, qui sont accourus pour défendre le Mikado outragé. Devant le danger, le Shogun s'est soumis; tous ses samouraïs sont là, et les daïmios de la famille de Tokougava, commandent leurs troupes! Stotsubachi, Echigen, Kouvana, Aidzu. Le prince de Satsuma, a envoyé des soldats, le prince de Chikouzen, garde lui-même une des portes du palais.

» Les adversaires les plus haineux, se cotoient et oublient leurs querelles; ils font rempart de leurs corps au fils des Dieux.

» Le messager ne sait rien de plus, le petit nombre des assaillants devant cette formidable défense fait frémir. »

Pendant qu'il parle encore, le canon commence à gronder au loin.

« D'un élan irrésistible, nous quittons encore les salles, courant à travers les jardins; et nous voici de nouveau sur le chemin de ronde, penchées entre les créneaux. Puisque nous entendons, il nous semble que nous pourrons voir aussi; mais on voit seulement la campagne, à l'infini, qui fume toute rose, au soleil levant.

» O ce globe pourpre, sur la brume d'argent! On dirait l'étendard du Japon, déployé, par les dieux mêmes, au-dessus de la ville sacrée!

.˙.

» Dans la poussière soulevée, un cavalier, dont le cheval semble emporté... Il passe au-dessous de nous, franchit le pont sonore, et s'engouffre sous la voûte.

» Serrant mes robes autour de moi, je cours, entre les cèdres du terre-plein, pour savoir plus vite ; devançant mes compagnes, qui, leurs toilettes éparses, luttent contre le vent.

» Aux pieds du vieux gouverneur, le messager, la respiration sifflante, essaie de parler ; le cheval, tremble sur ses pattes, s'affaisse.

— » Notre grand chef, Kounishi, d'un élan impétueux, est entré à Kioto, forçant la porte Nakada-Kiuri, gardée par le prince de Chikousen. Les soldats vainqueurs refoulent l'ennemi, jusqu'aux remparts du palais sacré ; ils attaquent la Porte des Seigneurs, que défendent, avec leurs meilleures troupes, les princes d'Aidzu de Kouvana. Mais ceux de notre clan triomphent encore malgré leur petit nombre ; sur les talons d'Aidzu et de Kouvana, qui s'enfuient, ils franchissent le saint portail et pénètrent dans les mystérieux jardins. »

» Est-ce donc possible ?... a cette heure même, le fracas des armes déchire brutalement le séculaire silence ! les flèches et les balles tranchent les douces fleurs, qui expirent leurs parfums ! la fumée souille la pureté de l'air, et la déesse Amatératzu, divine aïeule du Mikado, armée de sa lance rayonnante, ne descend pas du ciel, irritée et terrible !...

.˙.

» Je ne peux plus quitter la poterne. On attend, là, les messagers. Plus vite on entend leur parole haletante.

» Nous sommes toutes groupées autour du gouverneur, dans le courant d'air de la voûte qui rafraîchit notre fièvre.

Les filles d'honneur bavardent, nerveusement, exaltées par la victoire.

Le vieux gouverneur, lui, ne parle pas. Droit et raidi dans son anxiété, il darde son regard pâle vers la route.

Je me tais aussi. Par ma gorge serrée, ne pourrait passer aucune parole. Il me semble que mon cœur laisse fuir une cascade rouge.

.⁎.

« — Le prince de Satsuma s'est porté au secours d'Aidzu. Les vainqueurs de Nagato, un contre dix, ont été rejetés hors de la Porte des Seigneurs, et un effrayant combat a lieu, en ce moment même. »

« Le dernier venu, sanglote cette nouvelle.

» La victoire est effacée, déjà, par la défaite.

» Le messager dit encore, que le daïmio d'Issé, qui avait franchi l'Idogava avec ses partisans, a repassé la rivière et s'est éloigné, ne voulant pas combattre contre ceux de Nagato.

» Tandis qu'on l'écoute, un bruit de galop, sur la route, nous précipite au pont-levis.

» La lance au poing, un groupe d'écuyers s'approche. L'un d'eux porte, respectueusement, quelque chose, enveloppé dans une bannière; du sang s'égoutte, à travers l'étoffe; une traînée s'est caillée sur le poitrail et sur une patte du cheval, O ! l'héroïque et terrible épisode ! Nous sommes tous prosternés sur les dalles de la cour, pour accueillir dignement le précieux fardeau : la tête du chef Mataba ï.

» Elle est là, dans la bannière, étendue sur le sol; couleur de cire, les yeux clos, les sourcils froncés, et nos larmes coulent, en écoutant comment cette chère tête est glorieusement tombée.

» — Blessé à mort, Mataba ï se voit abandonné par ses soldats qui reculent. »

« — Enlevez ma tête, au moins, et emportez-la, crie-t-il, ne m'infligez pas cette honte, de la laisser aux mains de l'ennemi ! »

« La mêlée est affreuse, on hésite.

« — Guerriers stupides et indignes, crie-t-il encore, vous serez déshonorés avec moi. »

« Son neveu l'a entendu, il bondit par

dessus les morts et les vivants, frappant de son glaive, avec fureur: il atteint le blessé, tranche cette noble tête, et parvient à s'échapper.

» Un grand frisson me parcourt — d'enthousiasme? ou d'horreur? — je ne sais. Je revois le tout jeune homme, cette nuit même, courbé sur son cheval, levant ses yeux sombres sur le visage du chef Matabaï, qui lui parle rapidement. Je revois la main, crispée sur les rênes pour maintenir le cheval indocile, le luisant de l'étrier sous la lueur des torches, et l'opacité de la nuit, alentour. Cet enfant a dû faire cette chose affreuse, et pour cela, il est glorieux, à jamais!

⁂

» Des blessés, des mourants, en défilé lugubre, à présent; en travers des chevaux, sur des branchages, on les apporte au château. Les salles s'emplissent, et, en un instant, les nattes blanches du sol deviennent des nattes rouges.

» Le cœur tordu de désespoir, nous essayons, en vain, de soulager. Nos frêles mains, ne peuvent arrêter tout ce sang! Oh! les effrayants visages de souffrance! les pâleurs de damnés! cependant, si on entend des râles, aucun de ces héros, ne laisse échapper un gémissement.

⁂

» Hélas! hélas! les nouvelles funestes, tombent sur nous, comme une grêle de pierre : Notre chef suprême, Kouniski, est vaincu, écrasé; la déroute emporte ses soldats.

» Masuda assiège le palais de Takatsu-Kasa, défendu par le prince de Hikone; la lutte est terrible en ce lieu; il y a, entre les hommes de Nagato et ceux de Hikone, des duels si formidables, que les combattants s'arrêtent, pour les contempler.

» Echigo résiste encore aux samouraïs d'Ogaki; il a pris deux canons à l'ennemi. Mais quelqu'un dit, l'avoir vu tomber de cheval, grièvement blessé, emporter dans une litière.

» Jo-hi! Jo-hi! (*hors les étrangers*) est-ce donc vraiment pour ces êtres méprisables, pour ces inconnus chassés comme des chiens, qu'ont lieu de pareils massacres, que tous les fils du Japon, comme pris de folie, s'entr'égorgent?

.·.

» Oh! Qu'est-ce donc!... Ces cris, ce tumulte?... peut-être, dans mon sommeil fiévreux, un cauchemar, qui m'éveille?...

» Non, non, c'est la réalité, plus affreuse encore; l'armée, ce qui reste de l'armée, fuyant, poursuivie, qui rentre, en désordre, dans le château.

» Je vois de ma fenêtre, les soldats se répandre dans les jardins, traînant des morts, des blessés, qu'ils couchent sur les gazons. . . . .

Et Lui! Lui!.. Oh! oh!. . . . . .

. . . .

*
* *

Pavillon des Perles Rouges.
Au Yosi-Wara!

. . . .

« C'est une morte, qui reprend le pinceau, après tant de jours, tombés sur elle, comme des coups de poignard dans une chair inerte.

» Je lui dois, à Lui, d'écrire encore

pour que l'on sache la vérité, et si j'ai pu exécuter son ordre.

» L'Enfer ! je l'ai traversé, mais sans atteindre le néant : je suis dans un lieu pire que l'enfer, et c'est par ma seule volonté que j'y suis.

» D'un œil morne, je relis, sur le rouleau de soie, les caractères en désordre, que j'ai jetés là, d'heure en heure, pendant la terrible journée.

» Ils cessent au cri de douleur qui me déchira, quand je le vis, porté par deux ronines, les yeux clos, si pâle qu'on eut dit qu'un rayon de lune l'enveloppait.

» J'étais près de lui, presque aussitôt, sans savoir par où j'avais passé, échevelée, dans mes vêtements de nuit.

» On l'avait étendu sur un tertre, puis laissé, seul, évanoui ;... mort ?... non !

il ouvrit brusquement les yeux, comme éveillé par mes sanglots, des yeux où vivaient une flamme de colère effrayante. Il me vit, il me reconnut. Ses lèvres, déjà closes sur l'éternel silence, s'entr'ouvrirent, un souffle précipité souleva sa poitrine, il voulait parler.

Terrassant ma douleur, je mis mon oreille à sa bouche...

— Si tu m'aimes, venge ma mémoire. un homme de Hikone, un lâche, m'a frappé par derrière, pendant que, blessé déjà, je luttais contre un loyal adversaire. Celui-ci, devant cette action, avec dédain, s'est détourné, et j'ai pu saisir l'infâme à la gorge, le voir en face. Les forces m'ont trahi. Venge-moi, et, après, viens me rejoindre, pour l'éternel amour !...

— L'homme ! l'homme ! son nom ?

Déjà sa voix n'obéissait plus, ses lèvres s'agitaient en silence. O quelle angoisse! Les yeux élargis, d'une fixité horrible!. Me voyait-il seulement?... Il les ferma, puis les rouvrit et, dans un effort suprême, balbutia.

— Pas de nom!... Cuirasse arrachée... Sous la mamelle... un tatouage... trois fleurs de cerisiers...

— Trois fleurs de cerisiers!... avais-je bien entendu?...

Ses yeux me dirent : « oui » et, aussitôt l'haleine de la mort souffla sur eux sa buée, les ternit à jamais!...

∴

L'écrasant fardeau de la vie, il fallait le porter, le sauver même, à grand'peine, car la mort tendait mille bras pour m'en délivrer.

L'horreur, autour de moi, me laissait aussi insensible que pouvait l'être la chimère de bronze, assise au pied des escaliers. L'assaut du château : Hikone, Satsuma, Aidzu, hurlant aux portes ; la défense désespérée des héros, — qu'on n'aurait pas vivants, — les râles, les agonies, tout cela tombait, sur la plénitude de ma douleur, comme l'eau dans un seau qui déborde.

L'idée fixe, ainsi qu'une épine dans mon front, s'enfonçait, cuisante, « trois fleurs de cerisier... un homme de Hikone ». Harcelée par ces mots, j'agissais machinalement, avec précision, m'habillant comme pour un voyage, réunissant les choses précieuses faciles à emporter.

Comment m'échapper ? comment me garder vivante ? De lourdes ondes de fumée commençaient à ramper, jusque dans les jardins. Les assiégés allumaient leur bûcher, se livraient aux flammes, pour échapper aux vainqueurs.

Le château était comme une tombe murée. Allais-je donc désobéir ?... On jeta une torche enflammée, sous les pilotis de mon pavillon, qui prit feu, craqua. Je descendis, à travers la fumée étouffante.

— Ne pas mourir !...

Je longeai le ruisseau, j'atteignis l'étang, et, détachant une barque, je la poussai vers le milieu. Le feu ne me prendrait pas là, les arbres environnants, pleuraient sur leurs brûlures, les éteignaient.

∴

A travers les ruines fumantes ; les vainqueurs m'ont laissée passer, riant de moi, m'envoyant des compliments moqueurs. La bannière de Hikone flottait... Il était parmi ceux-là, sans doute, l'homme aux fleurs de cerisiers !... Oh ! pourquoi mes yeux ne voient-ils pas à travers les cuirasses ?... Comment écarter les tuniques, pour mettre à nu les poitrines ?...

∴

La réponse me vint, brusquement, en traversant un village incendié.

« Les prostituées seules, peuvent voir les hommes nus... beaucoup d'hommes !... »

∴

C'est pourquoi je suis ici, au Yosi-

Wara. Araignée sinistre, guettant, du bord de sa toile, une proie, qui, peut-être, ne se prendra jamais au piège.

.*.

Des jours ! des mois, des années ! oh ! si lourds ! comment n'en suis-je pas écrasée ? Ma vie est, le plus souvent, un demi-sommeil. Les plantes, à l'ombre, doivent végéter de cette façon !

.*.

Ces présences odieuses, que je dois subir, ces étreintes, ce viol de mon corps, est-ce que j'en souffre ? Non, pas plus que le cadavre, de l'attouchement des vers.

.*.

C'est tellement pareil ici, aux châteaux princiers, on simule avec tant de soin le cérémonial, on observe si bien tous les usages, que, dans de fugitifs instants, je me crois encore là-bas, à la résidence d'Hagi, près de ma souveraine. L'illusion dure peu ; mais me laisse un confus désir de savoir ce qu'il est advenu d'elle et de l'illustre prince, notre Maître, après tant de catastrophes. Comment la guerre a-t-elle fini ? Quel bienfait a pu fleurir, de tant de sang répandu ?

On dirait que des siècles se sont écoulés, pendant ces trois années, si longues. Autour de moi, par moments, mes yeux distraits, sont surpris par d'incompréhensibles choses.

∴

J'ai fait parler les êtres qui m'approchent, et c'est comme un chaos, dans mon esprit.

Le shogunat n'existe plus ! Il n'y a plus de princes souverains ! Le nouveau Mikado, qui a dix-sept ans, abandonnant Kioto, et tout le mystère divin qui entourait sa sainteté, proclame la capitale de l'empire : Yeddo, qui s'appelle désormais : Tokio. Après de grandes luttes encore, tout semble apaisé. Nagato, pardonné et rentré en faveur, est premier ministre... Alors, à jamais, les étrangers maudits sont chassés, hors du Japon, puisque ceux qui avaient, à cause d'eux, déchaîné cette guerre terrible, ont remporté une victoire complète. Eh bien, non, au contraire, ils viennent en foule à présent, on les appelle, on les traite en frères, on veut leur ressembler, on les imite, il n'y a plus qu'eux!... C'est comme s'ils avaient soufflé sur nous un vent de folie!...

Je ne croirais rien de ces sacrilèges histoires, si je ne voyais pas de si étranges symptômes autour de moi

Mais que m'importe? Nagato est rentré en grâce, c'est tout ce que j'ai retenu.

.*.

O mon bien-aimé. Je perds tout espoir et mon martyre est inutile. Jamais tu ne seras vengé, jamais tu ne m'accueilleras, par delà les nuages, pour l'éternel amour.

Ces trois fleurs de cerisiers! N'est-ce pas là, une vision de ton agonie? Jamais aucun tatouage ne m'est apparu, sur les poitrines, courbées vers moi, pour ma honte. Peut-être a-t-il été tué aussi, l'homme de Hikone!... Alors!... Oh! Alors!...

* * *

Tu devrais n'apparaître en rêve, me consoler, me soutenir. Je suis exténuée, au milieu d'un désert sans limites, si seule, si perdue!...

Viens me dire, que tu rapportes ton ordre, que je peux te rejoindre; ou bien, si tes mânes irrités veulent toujours la vengeance, inspire l'ennemi, pousse-le, traîne-le jusqu'ici.

* * *

Enfin! Enfin! l'œuvre est faite! la vengeance accomplie! Je suis libre!...

L'homme est là; il gît, frappé dans le dos par le poignard, que je portais toujours, caché dans mes cheveux.

C'est bien lui. Cherchez sous sa mamelle, les trois fleurs de cerisiers. Elles vous diront que l'homme châtié était un lâche, qu'il a frappé, traîtreusement, un noble guerrier, combattant, en face, un guerrier loyal.

Il était devenu un personnage puissant, l'homme de Hikone, il occupait une haute charge, à la nouvelle cour, il était heureux. Tant mieux! plus la vie lui était chère, plus j'ai eu de joie à la lui arracher. Il a su pourquoi il mourrait, je le lui ai crié, avec des insultes.

O mon bien-aimé, je sens ton souffle

qui me caresse. Je viens ! je viens ! mais pas ici, que mon sang ne se mêle pas à ce sang vil. Dans le jardin, à l'air libre; pour nous envoler plus vite !

.˙.

Un long silence régna, quand Jeune Saule eut cessé de lire. Toutes les femmes, réfléchissaient profondément, sur ce qu'elles venaient d'entendre; quelques-unes essuyaient des larmes.

Très rêveuse aussi, Jeune Saule roula lentement le manuscrit et le replaça dans son étui de laque.

Ce fut l'Oiseau-Fleur, qui la première releva le front.

— Après une aussi terrible histoire,

dit-elle, on ne devrait plus rien conter. L'usage, veut, cependant, que la reine d'un jour, qui préside la réunion, parle après ses sujettes, en terminant le tournoi. Je veux donc me conformer à l'usage, en vous disant, brièvement, une histoire, différente des vôtres, car il n'y est pas question d'amour. Elle est un exemple frappant, à mon avis, de notre caractère ; et elle montre, combien l'éducation, si haute, que l'on nous donne, peut rendre, dans un corps impur, noble l'esprit, et généreux le cœur. Voici :

X

EVENTAIL DE RAYONS

X

EVENTAIL DE RAYONS

Mitzu-Vogi (Eventail de Rayons) était célèbre, parmi les grandes *oïrans*, autant par sa beauté, sa coquetterie effrénée et son luxe, que par les raffinements de ses amours, et, surtout, son arrogance, cruelle ou câline. Elle feignait, de feindre qu'elle n'aimait pas, ou simulait, des élans de passion désordonnée, qui affolaient ses amants, sans que jamais son cœur, à elle, eût un battement plus vif. Les fortunes, elle les dévorait, puis rejetait, loin d'elle, l'homme ruiné, comme la pelure d'un kaki.

Un jour, on lui annonça, qu'une femme demandait à la voir, pour lui présenter des flèches à cheveux, en corail, d'un rare travail. Comme elle désirait, justement, acheter des ornements de cette espèce, Eventail de Rayons laissa entrer la marchande.

Une femme, amaigrie et pâle, s'avança, lui tendit, d'un geste brusque, le coffret aux épingles, qui tremblait dans sa main, tandis qu'elle attachait, sur la belle oïran un regard avide et presque affolé.

Celle-ci, un peu surprise, essayait les épingles, quand tout à coup, poussant un cri sourd, la femme tomba, évanouie, sur le sol.

On la soigna avec empressement ; mais, dès que l'inconnue reprit connaissance Eventail de Rayons, fit sortir toutes les suivantes.

A l'extrême distinction de la personne, à l'élégance sobre du costume, elle avait vite deviné que ce n'était pas là, une marchande.

— Noble femme, lui dit-elle, que venez-vous faire ici ? quelle souffrance vous fait si pâle, et que puis-je pour vous servir ?...

— Je venais vous supplier de me rendre mon époux, s'écria l'étrangère en sanglotant ; mais en voyant votre triomphante beauté, j'ai compris, combien l'on a de raisons, pour vous préférer à toutes, et que je n'ai qu'à mourir !...

— Dites-moi le nom de votre époux et je vous jure de ne plus le recevoir, répondit Eventail de Rayons. Gardez-vous de douter de ma parole : c'est le premier serment que je fais, sérieusement, je le tiendrai, soyez-en certaine. Et, maintenant, ne sanctifiez pas plus longtemps, par votre présence, ce lieu impur.

La triste épouse, s'en alla, un peu réconfortée.

Rigoureusement, la folle oïran tint sa promesse. Comme pour en fixer le souvenir, elle portait toujours, dans ses cheveux, les épingles de corail, que l'honnête femme lui avait laissées.

L'amant éconduit, malgré tous ses efforts, ne la revit plus.

Quelques mois plus tard, un matin, qu'Eventail de Rayons à l'ombre des grands arbres de son jardin, faisait de la musique, elle vit s'avancer, franchissant le petit ruisseau, sur le pont en laque pourpre, cette même femme, accompagnée de trois petits enfants.

Sa pâleur s'était accrue, et ses traits se creusaient davantage.

— J'avais bien deviné qu'on ne guérissait pas de vous, dit-elle, vous avez tenu votre promesse, mais au lieu de le calmer, cela n'a fait qu'empirer le mal. Le désespoir s'est emparé de votre amant, loin de vous il ne pense qu'à vous, et la jalousie le dévore si cruellement, à l'idée qu'il est exilé, tandis que d'autres vous approchent, que je viens vous rendre votre parole, vous supplier d'accorder encore vos bonnes grâces, au malheureux, qui s'en va mourir, afin de conserver un père, à ces pauvres petits-là.

Elle poussait les enfants, délicieusement gauches, vers la courtisane, toute stupéfaite, qui les attira contre elle, les contempla longuement. Peut-être, n'avait-elle jamais vu d'enfants.

Un voile de tristesse, sembla tomber sur son beau visage, éteignit son sourire et elle dit, comme à elle-même, après un long silence :

— Voilà donc cette chair tendre et suave, que nous dévorons, sans le savoir, en faisant fondre, au feu de nos baisers, la fortune des pères. O pauvres monstres inconscients que nous sommes!

Il sembla troublé de larmes, son regard, quand elle le posa, sur les yeux de l'épouse douloureuse, qui, par elle, avait tant pleuré.

— Puisque la jalousie le consume et qu'il ne peut s'en défendre, lui dit-elle, que l'infidèle époux, vienne, ici, demain. Il me verra, car il ne faut plus qu'il soit jaloux.

Le lendemain ce fut une morte, que l'amant éperdu, contempla ; toute blanche, sur le lit somptueux.

Eventail de Rayons avait bu du poison, après avoir tracé ces lignes, sur son éventail :

« Qu'est-ce que cela pèse, l'existence d'une courtisane, contre celle d'une noble famille ?

» J'ai fait mon devoir. Que votre femme et vos enfants, vous dictent le vôtre. »

— Cette mort est certainement la plus noble et la plus désintéressée, de toutes celles dont nous avons parlé, dit Ko-Mourasaki, en se levant, l'histoire nous fait beaucoup d'honneur, il me semble.

— Nous remercions notre reine de nous l'avoir contée, dit Jeune Saule.

Et comme l'heure des réceptions approchait, les oïrans, rappelèrent leurs suivantes, et après avoir pris congé de l'Oiseau-Fleur, sans rien omettre du cérémonial prescrit, descendirent, majestueusement, l'escalier, et se retirèrent.

XI

PLEURS ET PARFUMS

XI

PLEURS ET PARFUMS

L'Oiseau-Fleur, allongée sur le sol, la tête dans ses mains, pleure à grands sanglots, tandis que Broc d'Or, debout et navrée, contemple la nuque de sa maîtresse, qui semble du satin blanc, entre le satin bleu de la robe et le satin noir des cheveux.

La belle princesse d'amour, a reçu

une lettre terrible : Le daïmio de Kama-Koura, s'oppose absolument à sa libération, et à son mariage avec le prince son fils. La courtisane n'entrera pas au château; on n'y donnera le nom de fille, qu'à une princesse authentique, descendante d'une famille égale à celle de Kama-Koura. Le prince a juré qu'il ne céderait pas; mais comme il ne peut rien, sans l'argent nécessaire à la délivrance de sa bien-aimée, il ne se révolte pas ouvertement, n'ayant pas perdu tout espoir de fléchir ses parents.

C'est cette résignation, surtout, qui terrifie la pauvre amante...

— Il ne pense donc pas, gémit-elle entre ses larmes, que le temps, pour lequel il a acheté ma liberté, est épuisé depuis huit jours, que je vais être contrainte à exercer mon horrible métier, à me livrer au premier venu. Certes, je serre la mort sur mon cœur avec tendresse quand je vois cela; mais la mort, c'est aussi la séparation, et quand il viendra pour me chercher, mon bien-aimé pleurera.

Broc d'Or, penchée vers elle, s'efforce de l'apaiser.

— Le Seigneur Yamato a ajouté quelques lignes à la lettre du prince, dit-elle; il nous assure, que lui, qui a causé le mal, fera tout pour le réparer. Si nous parvenons à gagner un peu de temps, il a un projet qui, réussissant, nous sauverait. Le prince est captif dans le château de son père; mais Yamato est libre, et agit.

— Que veux-tu qu'il fasse? il arrivera

trop tard. Je ne laisserai pas les limaces, baver sur la fleur, que le papillon bien-aimé a éventée de ses ailes.

— Gagnons du temps.

— Comment?

— Avant d'être à votre service, où je ne gagne rien, puisque vous êtes vertueuse, j'ai servi une grande oïran, qui accueillait beaucoup de seigneurs et j'ai reçu d'eux, de nombreux bouquets : ils forment un joli parterre, qui libérerait la princesse d'amour, encore quelques mois, si elle voulait bien l'accepter de moi.

— Tu me donnerais toute ta fortune, avec le risque qu'elle ne te soit jamais rendue... Car elle s'évaporera bien vite et sans doute ne suffira pas...

— Ce qui va certainement s'évaporer,

si vous continuez ainsi à pleurer, dit Broc d'Or d'une voix grondeuse, c'est cette beauté ravissante, qui vous a conquis le cœur du prince. Vos yeux sont rouges, vos joues sont toutes marbrées, votre bouche se crispe, au lieu de sourire.

L'Oiseau-Fleur se releva avec effroi, courut vers son miroir, qui, brillant comme la pleine lune, arrondissait son disque d'argent au milieu de bambous sculptés.

Broc d'Or frappa ses mains l'une contre l'autre.

— Allons ! allons ! cria-t-elle, vite, la toilette de la princesse ! Nous aurons bientôt fait d'effacer les traces d'une nuit d'orage, et la beauté redeviendra délicieuse et fraîche comme une fleur au soleil levant.

Les Kamélos entrèrent, portant des linges souples et de mystérieux coffrets de laque, fermés par des cordes de soie.

Deux serviteurs, complètement nus, apportèrent la baignoire de forme ovale, en bois laqué orné de papillons d'or ; ils la remplirent d'eau chaude et disposèrent, dedans, de grandes touffes d'iris en fleur, avec leurs racines.

Les Kamélos délayèrent dans l'eau, de la farine de riz et y versèrent des parfums.

Alors, l'Oiseau-Fleur, laissa tomber ses vêtements de nuit et sa chair, pareille à la pulpe des nénuphars, attira toute la lumière ; elle resplendit, plus blanche encore par le contraste des profonds laques noirs ; mais, pudique, elle enjamba vite le rebord de la cuve et se plongea, en poussant de petits cris, dans l'eau, qui était très chaude.

Bientôt, Broc d'Or, d'après une recette tenue en grande estime, considérée même comme sacrée, trempa dans l'eau du bain, un sachet de toile, empli de fiente de rossignol, et en frotta lentement le corps de sa maîtresse, ce qui rendit la peau extrêmement lisse et brillante.

Après quelque temps on l'aida à sortir de l'eau, et après l'avoir essuyée avec des linges doux, on la frotta encore, à l'aide de pierres ponces.

Puis, enveloppée d'une draperie, molle, elle s'étendit pour se reposer, un instant, Broc d'Or lui servit une tasse de thé, dans laquelle une fleur de cerisier, séchée, s'épanouit à la chaleur, comme toute fraîche. Tandis qu'elle buvait, la fleur venait, doucement, caresser ses lèvres et elle soufflait dessus, avec une moue gentille, pour l'éloigner.

Après cela les coiffeuses s'approchèrent, pour accommoder le visage et les cheveux. Elles étendirent, sur la face et le col, une légère couche de blanc d'œuf, puis appliquèrent la poudre de riz, avec une mousseline molle. Après avoir rasé les sourcils, elles dessinèrent deux points noirs, tout en haut du front, et remontèrent le coin de l'œil par une ligne de carmin. La bouche mignonne fut aussi avivée de rouge; puis l'on commença le travail compliqué de la coiffure.

Les lourds cheveux, noirs et luisants,

furent dénoués et roulèrent jusqu'aux jarrets de l'Oiseau-Fleur; mais après les avoir démêlés, avec des peignes en bois de Tsou-Yhé, les avoir oints d'huile verte de Natané, délicieusement odorante, on les releva, en les serrant le plus possible, et l'on posa dessus la perruque, toute disposée, en forme de papillon. Des épingles d'or la retinrent et on fixa, en avant du chignon, un peigne, surmonté d'une cigogne, d'argent et d'émail, aux ailes ouvertes.

Les coiffeuses se retirèrent, alors, et les habilleuses vinrent, portant un coffre à compartiments.

La princesse d'amour d'un mouvement d'épaule, fit tomber la draperie; sa nudité, blanche et gracile, apparut de nouveau, singulière cette fois sous la tête volumineuse et apprêtée.

On se hâta de lui passer le juban, de soie rouge, à manches, s'arrêtant, en bas, aux genoux, fendu et croisé sur la poitrine, on mit, par dessus, une sorte de tablier, en tissu pareil, tombant jusqu'aux chevilles et faisant le tour des jambes.

On lui fit endosser, alors, le shitaghi, première robe, très légère, couleur de l'eau au clair de lune ; et on la soutint, tandis qu'elle tendait le pied, pour enfiler les tabis de soie blanche bleutée, à orteil séparé, et chausser les sandales de paille, doublées et agrémentées de soie, à semelles très hautes, et retenues seulement par un bourrelet ouaté, passé, en boucle, à l'orteil.

On apporta aussitôt la robe, qui était

ce jour-là, en satin couleur de thé faible, toute couverte de poèmes, brodés en noir dans des carrés d'or.

Quand elle fut prête, on lui donna un très précieux sachet, qu'elle mit dans sa manche gauche. Ce sachet contenait un atome de l'inestimable parfum, appelé Janko, ou parfum du vieux chat. La légende raconte, que cette pierre odorante, s'était formée dans la cervelle d'un chat centenaire vagabondant sur des montagnes où on le poursuivit longtemps. Celui qui parvint à le tuer, s'empara du trésor embaumé, qu'il garda jalousement, jusqu'au jour, où sa fille, amoureuse d'un seigneur, en déroba la moitié pour le donner à son amant. Le père fit la guerre au ravisseur, afin de lui reprendre le musc unique;

mais il ne put y parvenir. Entre amants : « Veux-tu la moitié de mon parfum ? » est resté la protestation la plus ardente, pour exprimer une abnégation sans borne.

La princesse prit pour s'éventer un écrin rare et fragile, formé de l'aile d'un papillon géant, et aidée par les kamouros, qui soulevèrent la traîne de sa robe, dans l'escalier, elle descendit au rez-de-chaussée et sortit dans son jardin particulier, où il lui était enjoint de passer quelques heures, pour respirer l'air matinal.

C'est un grand jardin en miniature, avec une pagode, des rochers, des cascades, des pins et des cèdres, un étang, plein d'iris, sur lequel voguent les jolis oiseaux appelés : onidori.

Assise sous la vérandah enguirlandée de fleurs, la princesse soupire, en préparant sa pipette, dont elle tire distraitement quelques bouffées.

Des jardins voisins on entend s'envoler des chansons.

— Ne chanterez-vous pas aussi? demande une des kamouros, en tirant de son enveloppe de soie le chamissen à long manche.

Pour masquer sa douleur, chanter peut-être?

Elle prit l'instrument, et du bout du plectre de bois, gratta les cordes grêles; une chanson triste lui vint aux lèvres.

« La neige voltige, pareille aux fleurs de cerisiers sous un coup de vent.

» La fleur flétrie est quelque chose

encore; mais, sur la manche secouée, la neige ne laisse pas de trace.

» Ainsi, du cœur, s'efface le souvenir.

» Dans mon lit glacé, je pleure, moi qui n'oublie pas, et mes larmes gèlent sur l'oreiller.

» Pourquoi ce qui est si lointain, est-il si près de l'esprit?

» J'écoute le silence, dans la solitude. Et voilà qu'une cloche, à coups durs, sonne l'heure.

» L'heure! la même! le minuit qui fut si doux!

» La grêle cingle ma porte et je me précipite pour ouvrir, comme si l'on frappait, sachant bien, pourtant, qu'il n'y a rien.

» Rien que la nuit affreuse, hostile, noire comme l'oubli.

» J'étais sans espoir, mais la déception brise en sanglots mon cœur ! »

» Hélas ! la nuit d'amour, où est-elle ? »

— Princesse ; ne chantez plus, si c'est pour pleurer davantage.

Et la kamouros enleva l'instrument. Mais Broc d'Or revenait.

Elle avait été négocier l'affaire, avec la tenancière de la Maison Verte, et c'était chose conclue. La Cigogne-Danseuse, par bonté de cœur, s'était laissée toucher. Elle avait d'ailleurs confiance dans le génie du seigneur Yamato, qui lui témoignait beaucoup d'égards. Elle avait donc consenti, à prendre toute la fortune de Broc d'Or, en échange d'un sursis de deux mois, accordé à l'Oiseau-Fleur.

Celle-ci, debout, frappait l'une contre l'autre, ses petites mains pâles.

— O! Broc d'Or! O! ma douce compagne, tu as fait cela?... Puisse ton dévouement ne pas être stérile en retardant un peu ma mort. J'ai jeté déjà tout ce que je possédais, dans le bec de cette cigogne avide, et je ne pourrais te léguer que mon cadavre.

— Ne pleurons pas les morts, quand ils sont vivants, dit la suivante, ne construisons pas l'avenir avec de la fumée. Si vous devenez une vraie princesse, j'aurai fait une bonne affaire; si vous ne le devenez pas, j'aurai fait une bonne action.

— Les nobles cœurs, n'habitent pas seulement les nobles poitrines. Si la destinée est clémente pour moi, je jure que tu ne me quitteras jamais.

— Qui sait? j'épouserai peut-être le seigneur Yamato. Quand il était ici, il m'a décoché des clins d'yeux significatifs, s'écria Broc d'Or, avec un franc éclat de rire. En attendant, ne perdons pas de temps, écrivez-lui le nouvel arrangement et stimulez un peu son zèle; deux mois, c'est bien vite envolé.

Tout en parlant, elle jeta sur le sol un rouleau de papier blanc, gaufré de fleurs et d'oiseaux, prit la boîte à écrire et délaya l'encre.

La princesse, agenouillée sur le tapis, s'y appuyant de la main gauche, prit le pinceau et se mit à tracer, rapidement, des caractères.

XII

LA BARRIÈRE
DE
BAMBOUS VERTS

XII

LA BARRIÈRE DE BAMBOUS VERTS

— Tu veux mourir?... tant qu'elle est vivante, cela n'a pas de sens. Pourtant, si tu es irrévocablement décidé, c'est bien!... je ferai tendre ce kiosque de draperies blanches et nous accomplirons ensemble le Hara-Kiri; à moins que tu ne préfères être plus moderne, et user du revolver.

C'est tout au fond du parc, au bord

d'un étang, devant une perspective ravissante, que Yamato dit ces paroles au jeune prince Sandaï, affalé sur les nattes, les deux bras sur l'accoudoir et le menton dans ses mains. Devant l'entrée de l'enclos réservé au jeune prince, une barrière légère, en bambous verts, indique, selon l'ancien usage, que le seigneur est prisonnier.

— Quelle raisons as-tu, toi, de quitter la vie?

— Demande-le à ton père, et à la princesse ta mère, surtout, répond Yamato. On oublie, à présent, que l'on m'a sollicité, et que, avant d'agir, j'ai dit ce que je voulais faire. « Oui, oui, au Yosi-Wara, » affirmait le vieux seigneur en branlant la tête avec complaisance; « j'y suis allé souvent dans ma jeunesse. » Il est vrai que l'épouse hautaine était fort offusquée, mais elle n'a pas fait d'opposition. Il s'agissait de sauver l'héritier du nom, que la chasteté consumait. Maintenant voilà! Malédiction, rébellion, larmes, suicide, je suis cause de tout. On m'a chassé, dégradé, privé de solde, éloigné de toi, comme si j'étais une bête malfaisante. Comment veux-tu que l'on survive à tout cela, même dans le temps où nous sommes?...

— As-tu nagé dans l'eau du fossé et escaladé la muraille, pour venir ici, puisque l'accès du château t'est défendu?

— Ta longue tirade, sur ton désespoir incurable et ta mort prochaine, a mis en cage mon histoire, dit Yamato, laisse-moi ouvrir la bouche et lui donner la volée, mais prête attention à son essor, si ce n'est pas l'oiseau lui-même, c'est du moins un écho de son ramage.

Vivement, Sandaï quitta sa pose accablée.

— Tu sais quelque chose d'elle?

— Certes...

— Ah!... tu vas me dire que, retombée par ma faute dans la servitude, elle m'est infidèle. Non, non, je veux mourir sans avoir entendu cela.

— Encore! s'écria Yamato avec découragement.

— Si ce n'est pas cela, parle.

— Eh bien, nous avons deux mois devant nous. Grâce au dévouement de la suivante, qui a donné toutes ses économies, la Cigogne vorace fera respecter ta bien-aimée, jusqu'à l'expiration du sursis. L'Oiseau-Fleur vient de m'écrire cela, en nous suppliant de ne pas l'abandonner.

— Oh! donne-moi sa lettre!

Yamato leva les bras au ciel.

— Il s'agit bien de cela! s'écria-t-il. Soupirs et pleurnicheries sentimentales, sur un rouleau de papier, voilà tout ce dont est capable un amant au désespoir. Je n'ai pas nagé dans l'eau du fossé, je n'ai pas escaladé le mur crénelé, j'ai franchi le pont et je suis entré par la porte, et les samouraïs de service, ou plutôt les concierges qui en tiennent lieu, m'ont traîné devant le vénérable seigneur de Kama-Koura, qui, en me voyant, a froncé ses nobles sourcils.

— Tu as osé braver mon père?

— Le braver! j'étais aussi plat que le chien battu, qui rampe aux pieds de son maître. J'affrontais sa colère, résigné à la subir; j'expiais mes crimes, sans murmurer, la punition était trop juste, l'exil bien mérité. Mais si j'osais reparaître, c'était poussé par le désir de réparer le mal que j'avais fait, si cela était possible... Enfin sache-le, je suis près de toi, avec la permission du prince et, même, la princesse consultée, a donné son consentement... Seulement la confiance en ton complice n'étant pas sans borne, on m'a fouillé... Si j'avais eu sur moi la lettre de ton adorable amie, tout était perdu!... Mais j'avais prévu cela!...

— Où veux-tu en venir, avec ton bavardage? Tu pétris mon cœur endolori, comme une pâte à gâteau; tu me fais mal, ton rire sonne comme une cloche, rouillée par une pluie de larmes. Quel est ton projet ? dis-le vite, nous perdons du temps. Deux mois, c'est si court.

— Voilà des paroles sages, les premières, dit Yamato. C'est court en effet et l'empire est vaste. Il va me falloir le parcourir en tous sens. Sans les chemins de fer, mon projet était impossible.

— Parcourir l'Empire ? dans quel but ?

— Dans le but de te trouver une épouse de ton rang. Ne crie pas. J'ai l'assentiment de ta famille, et si je réussis comme je le veux, j'aurai le tien...

— Jamais !

— Reprends ce mot inutile. Voici ce que j'ai dit à ton père. Votre fils est follement épris de la beauté d'une femme, vous jugez dans votre sagesse, cette femme indigne d'être admise parmi vous ; si je trouvais, chez une fille noble, une beauté, presque semblable à celle que pleure le jeune prince, il ne serait pas impossible de le consoler et de le marier selon vos vœux.

— Si c'est cela ton projet...

— Tais-toi, et ne me décourage pas, en doutant de mon amitié, s'écria Yamato subitement grave; si je réussis, la fiancée que le daïmo de Kama-Koura te présentera lui-même ne sera aucune autre que l'Oiseau-Fleur.

— Pardonne-moi; je suis méchant, dit Sandaï en prenant les mains de son ami, je ne doute pas de toi, mais je suis si malheureux, et ce que tu imagines semble tellement irréalisable !

— Vois donc ce que j'ai réalisé déjà ! J'ai forcé la porte du château; je suis rentrée en grâce, à tel point que ton père, va pourvoir aux frais de mes voyages, et me donner le moyen de pénétrer dans les impénétrables châteaux des grandes familles de l'Empire. Sans lui je ne pouvais rien et voilà que c'est lui, qui me fournit les armes pour le combattre.

— Le combattre ! en visitant tous les vieux nobles, dépossédés de leur souveraineté, et qui soignent, dans la retraite, les blessures de leur orgueil ? c'est ce que je ne peux comprendre, ni comment cela me servira !

— Ne cherche pas et ne parlons plus; les minutes qui passent, trépident sur mon cœur... Tu sais ce qu'il faut savoir: la bien-aimée est fidèle et décidée à mourir, plutôt que de laisser effleurer le bout de son ongle par un autre que toi. Je fais un effort suprême pour vous sauver; donc tu dois conserver ta précieuse existence, jusqu'à ce que je sois triomphant ou vaincu. Dans ce cas je reviens, tendre ce pavillon de draperies blanches, et nous nous ouvrons le ventre de compagnie, en criant : Béni soit le Hara-Kiri du bon vieux temps, qui met fin à toutes les peines.

XIII

A LA LANCE ROUILLÉE

XIII

A LA LANCE ROUILLÉE

Yamato, après une course rapide au Yosi-Wara, et une secrète entrevue avec l'Oiseau-Fleur, s'enfonça dans un quartier pauvre de Tokio et, ayant cherché quelque temps vainement, se fit indiquer, par un agent de police, en uniforme moderne, l'auberge « A la Lance Rouillée. » C'était une vieille petite maison de thé, aux boiseries vermoulues, toute noire, sous le ruissellement de la pluie, qui tombait ce jour-là. Elle devait dater de loin, la pauvre bicoque, et ne sacrifiait guère au goût nouveau, les carreaux de papier, étaient, là, toujours de mise, et il faisait sombre à l'intérieur, surtout par cette journée triste.

Avant d'entrer, Yamato dissimula, dans un angle, son parapluie anglais, pour ne choquer personne, car il savait qu'en ce lieu, toute nouveauté était en exécration.

L'hôte, un vieillard au visage tout hérissé de poils blancs, s'avança, salua avec des formules anciennes, et se prosterna, malgré son âge.

Yamato, affectant l'air hautain des anciens nobles, ne le releva pas tout de suite.

— Votre maison, à ce qu'on m'a dit, est fréquentée par des samouraïs, fidèles au passé, vieillis dans les batailles, qui dédaignant les métiers vils, endurent fièrement la misère.

— Oui, monseigneur, répondit l'hôte, qui après de grands efforts parvint à se remettre debout, la plupart de ceux qui viennent ici sont des héros méconnus, qui vivent de souvenirs, et meurent de faim, noblement.

— Avez-vous du monde en ce moment ?

— Quelques-uns, qui furent célèbres, sont là.

— Ne pourrais-je pas les apercevoir un instant, sans être vu ?

L'hôte remua sa vieille tête, d'un air perplexe.

—Nous vivons en des temps singuliers, monseigneur, dit-il ; regretter le passé et déplorer le présent, cela constitue, parfois, un délit, et je ne puis me permettre d'exposer mes nobles convives aux regards d'un inconnu.

— Rassurez-vous, vénérable aubergiste, dit Yamato, je ne suis pas de la police. J'étais vassal du daïmio de Kama-Koura, au temps, peu éloigné, où il y avait des vassaux ; dans mon cœur je le suis toujours. Je voudrais interroger ces *Braves*, sur leurs souvenirs, justement, ce qui loin de les blesser, ne peut que leur plaire. Tenez, ajouta-t-il en écartant son manteau, je suis moi-même en contravention.

Et il découvrit deux courts poignards, cachés dans les plis de sa ceinture.

— Pourquoi, seigneur, demanda l'hôte, désirez-vous voir les *Soshis*[1] avant de leur parler? Pensez-vous reconnaître quelqu'un d'entre eux?

— Non, dit Yamato. J'ai vingt-cinq ans. Je comptais donc trois ans, à l'époque de la révolution, et je n'avais pas encore l'honneur de fréquenter les guerriers. Je voudrais les apercevoir, pour tâcher de deviner à quels clans ils ont appartenu, afin d'éviter, dans mes paroles, tout ce qui pourrait les blesser.

— Venez, alors, dit le vieillard en faisant glisser un panneau dont le bois humide résista un peu.

L'auberge était plus grande qu'on ne

---

1. *Braves.*

croyait. Ils traversèrent une cour, entourée de bâtiments, délabrés, mais encore solides et montèrent deux marches trempées de pluie. Ils secouèrent leurs vêtements, sous la galerie abritée.

Un bruit, d'abord confus, de piétinements et de clameurs devint distinct et éclata tout à fait, quand le vieux eut écarté, à la largeur d'un œil, le panneau formant porte.

Une salle assez grande apparut, au plancher nu, au plafond bas, où une dizaine d'êtres singuliers joutaient, à la lance, en s'excitant de la voix.

« Jo-i ! Jo-i ! » (hors les étrangers) le cri de guerre, des partisans du Mikado, pendant les révoltes, dominait.

Yamato, très intéressé par le spectacle, écarquillait un œil, en fermant l'autre.

Au fond de la salle, un maigre personnage, vêtu d'une défroque guerrière, se renversait en arrière, une jambe en avant, d'une main tenait la lance, de laque poupre, terminée en glaive, entre le pouce et la paume, l'autre la dirigeait de l'index. Trois adversaires l'attaquaient en même temps, dans un costume analogue, armés d'une lance pareille.

Avec de menaçantes contractions de sourcils, des sauts, des voltes, des cris rauques, l'homme qui faisait face, relevait, ou abaissait, d'un coup vif, les lames brillantes, se remettait en défense, attaquait, rampait, bondissait, d'une souplesse de fauve, d'une adresse étourdissante, qui faisait pousser des « Oh ! oh ! » admiratifs à ceux qui assistaient, collés aux murailles.

— Qui est-ce, celui-là? demanda tout bas Yamato.

L'aubergiste mit sa bouche contre l'oreille du jeune homme et répondit, de sa vieille voix tremblotante.

— C'est le frère du terrible Oï-Kantaro, qui, après la découverte du complot contre le ministre Ito, a pu s'échapper et sortir du Japon. On l'appelle aussi Kantaro et il est très mal vu de la nouvelle société, à cause de son frère et à cause de lui-même.

— Ceux qui joutent avec lui ! dis leurs noms.

— Celui du milieu c'est Nishino. On croit qu'il a été complice dans le meurtre du conseiller Mori, à cause peut-être d'une ressemblance de nom. Il ne dément pas ce bruit, qui le flatte. Celui-ci s'appelle Koyamo, il était certainement de l'affaire contre le vice-roi de Chine, Li-Hung-Tchang, qui n'a pas réussi. Le nom de l'autre est Sabouro, on sait peu de choses de lui.

— Mais ils vont le tuer, ce Kantaro! Voyez donc, il ruisselle de sang.

— Ah! leurs jeux, sont jeux de braves, dit le vieillard, sans s'émouvoir.

— Allons, faites garnir, copieusement, de nourriture et de saké, un large plateau, et portez-le à ces rudes seigneurs; cela me fera bien venir.

Peu d'instants après, Yamato était accroupi sur le plancher en face du farouche Oï-Kantaro, dont le front saignant était bandé d'un linge bleu, séparé de lui par des tasses et des plats. Un léger paravent les isolait des autres, qui, bruyamment, buvaient à leur santé.

— Combien d'incendies après la défaite, répondait Kantaro à une question de son nouvel ami : le compte en est infernal. Trente-sept mille et quatre cents maisons, cent quinze temples de Bouddha, soixante du Shinto, dix-huit grands palais des nobles de la cour, quarante-quatre châteaux de daïmios, six cents demeures de samouraïs, dont la mienne, quarante ponts, trois théâtres, mille magasins, quatre cents maisons de pauvres, et même un village de mendiants. Ne croyez pas que j'exagère, cette merveilleuse statistique est officielle.

— Savez-vous quels sont les quarante-quatre châteaux de daïmios ?

Oï-Kantaro fronça son front couturé,

sous le linge sanglant, en relevant ses sourcils, et appuya son regard dur, sur les yeux de Yamato.

— Qu'est-ce que vous craignez de moi ? demanda-t-il, après un silence. Nous irions beaucoup plus vite, si vous me disiez sans méfiance, quel but vous voulez atteindre. Rien n'est effacé de ma mémoire, des événements de la guerre, elle flambe toujours, à mes yeux, et tinte, à mes oreilles. Un détail, insignifiant pour tout autre, peut me mettre sur la trace de ce que vous cherchez. Sans cela nous allons tâtonner indéfiniment et puisque vous êtes pressé…

— Je n'ai d'autre crainte que de froisser, par ignorance, quelqu'une de vos convictions, dit Yamato, de vous blesser sans le vouloir.

— Allez, dites votre histoire. Je suis si bien cuirassé par les cicatrices, qu'il n'y a plus de place pour les blessures.

— Je vais la dire, s'écria Yamato en versant du saké dans la tasse du vieux brave. Vous savez que je suis vassal de Kama-Koura, vous n'avez point de prévention, j'espère, contre mon seigneur?

— Kama-Koura reste dans son domaine et conserve, autant qu'il peut, les traditions; aucun des siens n'a de charge à la cour et ne trempe dans les abominations modernes; Kama-Koura a ma sympathie.

— Eh bien, il s'agit de sauver de la mort, l'unique héritier du nom.

— Comment cela?

— En retrouvant la famille d'une ravissante personne, qui fut enlevée pendant l'incendie du château...

— Et que le jeune seigneur aime, sans doute, à la folie. Les nobles parents repoussent une fille sans nom. Il faut lui retrouver son nom !

— Justement.

— Ah ! ah ! une histoire d'amour ! peu de gloire à récolter... Mais le problème est amusant à résoudre. Où est la fille ?

— Au Yosi-Wara.

— Naturellement. Vendue par les ravisseurs... Quel âge ?

— Vingt-deux ans.

— Voyez comme déjà le cercle est resserré, autour de la question, dit Kantaro en vidant sa pipette sur le plateau, nous n'avons plus qu'à rechercher, parmi les quarante-quatre daïmios incendiés, ceux dont les enfants étaient en bas-âge, lors de la révolution.

— C'est vrai.

— Quel indice avez-vous ? Ce paquet, que vous serrez contre votre hanche, a-t-il rapport à l'affaire ?...

— Ce sont les seuls témoins, témoins muets, qui gardent bien le secret.

— Nous allons bien voir, faites-les comparaître. Allons.

Écartant les plats, Yamato défit le paquet et étala, sur le plancher, une petite robe et un manteau d'enfant.

Le brave les scruta d'un regard aigu, les attira à lui.

— On a découpé les armoiries, c'était la première chose à faire, dit-il en passant ses doigts dans les trous de l'étoffe.

Un parfum, distingué et doux, s'envola des plis, dominant un instant l'odeur chaude du saké. Le guerrier déchu, aspira cet arome avec une douloureuse émotion, abaissa même ses paupières sur la buée qui troubla tout à coup ses yeux.

— Une bouffée du passé, qui me va au cœur, murmura-t-il. Oh! si proche, et si perdu! Quand il fut cousu, ce petit vêtement, c'était l'époque héroïque, à jamais abolie; le tissu est tout neuf encore, et la trame de la destinée, déchirée en mille pièces. L'enfant, qu'il revêtait, n'est qu'une femme jeune; les blessures sont mal guéries aux membres vigoureux du soldat, et nous voilà, comme des fantômes, qui reviendraient, après des siècles, pleurer sur des ruines méconnaissables. O que de désespérances tiennent pour moi dans ce parfum d'autrefois!

La voix lui manqua, il étouffa un sanglot, en cachant son visage dans la robe d'enfant.

Yamato le contemplait, bouche béante; ému, mais plutôt surpris de cette grande douleur qu'il comprenait mal, lui, né trop tard pour avoir connu ce passé, si proche, datant presque, cependant, d'avant sa naissance, il ne trouva rien à dire et poussa, seulement, un soupir compatissant.

Oï-Kantaro releva vite la tête, comme honteux de cette faiblesse; le bandeau d'étoffe bleu s'était déplacé, le sang coulait, dans les larmes. Il s'essuya le visage, d'un mouvement brusque, et jeta le bandeau loin de lui.

— Voilà ce que c'est que de boire tant de saké, dit-il, en essayant de sourire ; nous sommes loin de notre aventure, revenons-y ; le succès me tient au cœur, à présent.

Il se remit à examiner les petits vêtements.

— Rien à en tirer, n'est-ce pas? dit Yamato.

— Que vous semble des ramages de la robe? quelle forme y découvrez-vous?

— Un fouillis de palmes, peut-être.

— Des palmes? Non ; j'y vois autre chose, mais je ne voudrais pas m'abuser, en croyant voir ce que je désire voir. Regardez encore.

— Je vois des palmes, de nuances diverses, dans la même couleur.

— Des palmes! J'y vois des plumes,

moi. Ne croyez-vous pas que ce sont des plumes ?

— C'est possible, en regardant mieux; des plumes, ou des palmes, cela ne nous avance guère.

— Que les palmes s'effritent au vent, que les plumes ne s'envolent pas, et nous serons, peut-être, sur une piste.

Kantaro se leva, écarta le paravent, et alla montrer la robe à ses compagnons, que le saké, offert par Yamato à tous les assistants, commençait à échauffer sans les griser encore.

— Des plumes! décidément, cria le brave, en revenant.

Il referma le paravent et se rassit, en face de Yamato très intéressé.

— Vous êtes sur une piste, alors?...

— Vous avez peut-être entendu dire,

que les princes faisaient, souvent, tisser des étoffes, pour eux seuls, sur des dessins donnés par eux. Cette petite robe est faite, probablement, d'une étoffe de cette sorte, car le dessin en est singulier et rare. Je n'ai jamais rien vu de semblable. Les armoiries, qui marquaient chaque épaule, sont coupées; si elles revenaient à leur place, j'ai comme l'idée qu'elles nous montreraient deux plumes de faucon, croisées, et enfermées dans un cercle.

— Ah! vraiment?...

— Ce sont là, les armoiries des princes d'Ako, ne le savez-vous pas?...

— En effet... des princes d'Ako... balbutia Yamato qui ne savait pas du tout.

— Ne pourrait-on conjecturer que l'idée de prendre le motif des insignes, pour ornementer un tissu, ne soit venue plus naturellement qu'à d'autres, aux dessinateurs, qui avaient constamment ces insignes sous les yeux ?

— Cela est très logique.

— Il y a même un autre indice. La bannière du clan était verte et blanche, et, vous le voyez, le semis de plumes, en toutes les nuances de vert, est jeté sur un fond blanc.

— Je suis confondu de votre sagacité, s'écria Yamato vraiment émerveillé... c'est donc au prince d'Ako, qu'aurait été ravie celle qui nous occupe.

— N'allons pas si vite. Je me trompe peut-être complètement ; mais puisque nous n'avons rien, il faut bien tenir cette conjecture pour quelque chose.

— Nous devons donc nous rendre, sans retard, dans la principauté d'Ako... qui n'en est plus une, d'ailleurs.

— La famille existe-t-elle encore, seulement? dit Kantaro. Allons-y voir, n'hésitons pas, puisque le temps est compté. Quand partons-nous?

— Ce soir même. Il y a un train, à neuf heures... Voulez-vous me rejoindre, à la gare de Uyéno?...

Comme si un serpent l'eût piqué, le brave sauta sur ses pieds, le visage bouleversé par la surprise et la colère.

— Moi! moi! A une gare! s'écria-t-il, moi! montant dans une de ces machines maudites!... Après ce que vous savez de mon caractère, n'est-ce pas pour m'insulter que vous me faites une pareille proposition ?

— Vous insulter ?... C'était tout simplement pour aller plus vite, dit Yamato très effrayé. Comment donc voyager alors ?...

— Ah ! voilà bien la gangrène moderne ! Est-ce qu'on ne voyageait pas, dans ma jeunesse, quand on tenait hors du royaume ces infâmes barbares ?

— Ne peut-on profiter de leurs inventions sans cesser de les haïr ? prendre d'eux tous les moyens qui nous serviront à les chasser de nouveau, quand nous n'aurons plus rien à en tirer, dit Yamato, conciliant.

Mais le brave ne se calmait pas.

— Oui ! On refermera un Japon, pourri et défiguré, ayant tout détruit, tout oublié, où il ne restera qu'un peuple de singes, dans des déguisements ridicules !

Yamato, terrifié du tour que prenait la conversation, se hâta de céder.

— Voyageons comme vous voudrez, dit-il, mais hâtons-nous d'autant plus. Dites donc, je vous prie, ce que vous décidez.

— Le cheval est ce qui convient le mieux à des samouraïs.

— Je vous ferai remarquer qu'il pleut beaucoup; nous serons trempés.

— Nous mettrons des manteaux de paille.

— Des manteaux de paille?... fort bien, dit Yamato... et il ajouta mentalement : en dissimulant, par dessous, un bon caoutchouc américain. — Je vais donc acheter deux chevaux; ce sera beaucoup plus cher, mais puisque c'est votre volonté, je me soumets.

— Je vous en sais gré, dit Kantaro un peu radouci.

— Où faudra-t-il vous attendre ?

— A la porte des Nobles, derrière le temple de Shiba.

— A quelle heure?

— A l'heure du renard; la lune se lèvera peu après et éclairera notre marche.

— J'y serai, dit Yamato. Permettez-moi de prendre congé, pour me mettre en quête de bons chevaux et faire tous les préparatifs.

Il s'en alla, et reprit, furtivement, dans le coin obscur, son parapluie, qu'il dissimula sous son manteau, sans oser l'ouvrir. Il marcha sous l'averse, tant qu'il fut en vue de l'auberge.

— Ouf! soupira-t-il, en s'abritant enfin, quand il eut tourné un angle; j'ai joliment bien fait de cacher cet engin étranger, si supérieur, cependant, à nos parapluies en papier goudronné. Et mes bottines! heureusement qu'il ne les a pas vues; je les cachais, tout le temps sous ma robe!... A-t-on idée de pareille antiquaille? Me voilà joli! obligé de trottiner par la campagne, dans les chemins défoncés, de passer les rivières à gué, de mettre trois jours à parcourir la distance, franchie en quelques heures. Enfin! si vraiment il a trouvé, du premier coup, à quel prince nous avons affaire, ce terrible Kantaro me rend un fameux service, et m'aura fait avancer plus vite même qu'à la vapeur.

Yamato ferma son parapluie, en entrant dans un bureau de tramway.

— L'heure du renard?... se dit-il encore, qu'est-ce donc? neuf heures ou dix heures? Tiens, je vais le demander à ce vieux, qui distribue des numéros.

Et il haussa la voix pour faire la question à travers le guichet, parce que le véhicule approchait, sifflant bruyamment.

XIV

VERS LE PASSÉ

XIV

VERS LE PASSÉ

Une lourde jonque, de modèle ancien, presque hors de service, ouvrait sa voile de paille, et louvoyait, sur un bras de la mer intérieure, qu'elle s'efforçait de traverser, malgré l'absence de vent.

Oï-Kantaro n'avait, naturellement, pas voulu prendre le petit vapeur, qui dessert les ports, dans ces parages, et

Yamato, de plus en plus impatienté, dissimulait mal sa mauvaise humeur.

Plus d'un mois s'était écoulé, depuis leur départ de Tokio.

Fidèle à ses principes, et ne voulant profiter d'aucun des avantages des mœurs nouvelles, le brave avait suscité mille obstacles, mille difficultés, et le voyage, entravé à chaque étape, s'éternisait. Une querelle, suivie de voies de faits, avec des employés de douane, avait failli tout perdre. Par bonheur, le vrai nom de Kantaro n'avait pas été connu, et, à force d'argent, Yamato avait arrêté la plainte. Il se repentait amèrement de s'être adjoint ce personnage terrible, duquel, lui-même, il avait presque peur. Tout était compromis maintenant... si l'on s'était trompé, le temps allait manquer pour les recherches !... et, même, si la conjecture ingénieuse du brave, était la vérité, c'était plutôt un désastre, car on avait appris des nouvelles désolantes : rien ne restait de la famille d'Ako, déjà réduite avant la révolution, et éteinte complètement, dans les horreurs de la guerre civile.

Yamato ne savait pas trop pourquoi il se rendait, cependant, à ce château d'Ako, devant lequel la jonque zigzaguait, depuis des heures, sans pouvoir y aborder. La forteresse et ses dépendances appartenaient maintenant à un vieux seigneur, de bonne noblesse, qui avait racheté le domaine confisqué, et réparé les dommages.

Peut-être trouverait-on, près du vieillard, quelque renseignement précieux sur l'histoire obscure et mal connue des seigneurs d'autrefois. Yamato était décidément fort peu au courant du jeune passé; les sites célèbres ne lui rappelaient rien, et le brave, qui, au commencement du voyage, déclamait à toute occasion, s'étant aperçu de l'ignorance de son compagnon, gardait, depuis lors, un silence méprisant.

Secrètement, et par un moyen rapide, Yamato avait fait prévenir de sa visite le nouveau seigneur d'Ako... le nom du daïmio de Kama-Koura, il n'en doutait pas, ferait s'ouvrir toutes grandes les portes de la résidence.

Il en fut certain, lorsqu'il vit une longue barque, armée de dix rameurs, se détacher du rivage. On venait au secours de la lourde jonque, captive de la mer trop calme. Les passagers, avec joie, l'abandonnèrent à sa somnolence.

En franchissant le pont-levis, pour s'engager sous le portail du château, Oï-Kantaro ne put retenir l'expression de son enthousiasme. Il faisait sonner le bois sous ses pas, les bras levés au ciel, le visage illuminé.

— Je vous contemple, enfin, murailles fameuses ! Je foule le plancher sacré, que firent retentir les pas nerveux des fidèles vengeurs !...

— Allons ! qu'est-ce qui lui prend encore ? gémit tout bas Yamato ; il va nous rendre ridicules !

Le brave, coula vers lui, de haut, un regard protecteur.

— Vous ne semblez pas vous souvenir, dit-il, que les fidèles vassaux, sont partis de ce château, pour venger leur seigneur contraint à se donner la mort.

— Au fait, je n'y pensais pas, se dit Yamato.

— Je ne vous fais pas l'injure de croire, que vous ignorez cette histoire glorieuse.

— Qui donc ne sait pas, par cœur, l'histoire des quarante-sept Ronines? répondit le jeune homme en haussant les épaules — on nous la rabâche assez! — ajouta-t-il tout bas.

— Voyez, continua le brave, combien une belle mort, fait vivre longtemps! Voilà deux cents ans, bientôt, que ces héros ont accompli leur noble suicide, et leur souvenir brille, même à travers l'horrible fumée du temps présent, qui obscurcit tout. Leurs tombeaux, sur la Colline du Printemps, est un lieu de pèlerinage, pour les habitants de Tokio ; et notre Mikado, la première année de son règne, leur a accordé le suprême honneur, en suspendant la Feuille d'Or à la pierre tombale. Il n'avait que dix-sept ans, alors. Comme son cœur a changé, depuis !

Yamato allongea le pas, profitant de la songerie où le cœur du Mikado plongeait son compagnon, pour échapper à la suite du discours.

Le daïmio venait à la rencontre de ses hôtes. Yamato comprit que c'était lui, en voyant tous les serviteurs se prosterner. Il voulut en faire autant, mais le seigneur l'en empêcha en lui tendant la main. Décidément, le cérémonial était supprimé ! La plus grande simplicité régnait dans les manières du nouveau maître de l'illustre château. Rien de moderne, cependant, dans sa toilette; il portait une belle robe souple, en crêpe pourpre foncé, où des fils d'or brodaient des saumons, aux yeux de jaspe, remontant des cascades. C'était un vieillard, au visage long et doux, dont toute la personne respirait, au plus haut point, cette nonchalance rêveuse, que l'oisiveté du corps et la culture de l'esprit, donnent à tant de princes, reclus dans leurs domaines. Il semblait très bon, ou très indifférent; vivant en lui-même, lent à comprendre les choses extérieures. Il avait été heureux du nouvel état de choses, qui, enlevant aux seigneurs leur souveraineté, leur enlevait, du même coup, toutes les charges, les devoirs, les soucis, pour les laisser vivre, riches et paisibles, tout à leur rêve.

Yamato, en marchant lentement à côté du prince, lui expliquait la cause et le but de sa visite, et comment elle n'avait même plus de but, puisque la famille d'Ako était éteinte.

Distraitement le daïmio l'écoutait, s'arrêtant pour cueillir des fleurs.

Oï-Kantaro s'émerveillait de la beauté du parc, des perspectives bleues, des ponts légers, de laque rouge, s'arrondissant au-dessus de claires rivières, sur lesquelles voguaient des milliers d'oiseaux merveilleux.

On monta vers une véranda, puis on entra dans la fraîche pénombre d'une salle, où l'on s'accroupit sur des carreaux ouatés, en velours brodé.

Aussitôt, de jolies servantes apportèrent le thé, qu'elles offrirent à genoux.

Les boiseries étaient délicieusement décorées, dans les nuances les plus suaves. Mais, sur l'élégant tokonoma, dont deux dragons en bois de fer formaient les pieds, une pendule d'Europe, en bronze reluisant, arrondissait la blancheur crue de son cadran, et, le long des parois délicates, deux fauteuils et quatre chaises, hurlaient, cruellement, du ton groseille ardent de leur satin broché.

Le daïmio, se méprenant sur le regard dont Oï-Kantaro foudroyait ces meubles barbares, s'excusa de ne pas s'en servir.

— Les étrangers sont, sans doute, extrêmement petits, dit-il ; les enfants, seuls, peuvent croiser les jambes sur les fauteuils ; et, sur les chaises, on perd l'équilibre.

Yamato expliqua que l'on devait s'asseoir, les jambes pendantes, ce qui surprit beaucoup le prince.

— Cela fait enfler les pieds et doit être très malsain, dit-il.

Puis il se tut, réfléchissant à l'histoire de la petite fille volée, qui n'éveillait en lui aucun souvenir. Mais n'avait-il pas acheté, avec le château, tous les serviteurs qu'il contenait ? beaucoup devaient vivre encore, contemporains de l'incendie. Il appela son intendant, qui ne sourcilla pas, devant l'ordre, étrange, d'amener devant le prince tous les vieux et toutes les vieilles, qui servaient dans le domaine.

On vit arriver bientôt, par petits

groupes, des êtres tremblants, en robe brune, ou demi-nus, ayant de la terre aux doigts, ou des brins de chaume dans les cheveux. Les plus vieux avaient des tignasses blanches, ébouriffées. Les femmes se hâtaient de nouer, sous leur menton, un morceau de cotonnade bleue dont l'azur déteint faisait paraître encore plus jaune leur vieille figure parcheminée.

Mais tous ces gens, aussitôt en vue du seigneur, se précipitaient à quatre pattes, le front contre terre, et on ne voyait plus que leur dos et leur nuque.

On les mit au courant, on les interrogea, mais sans obtenir aucune réponse, ni aucun mouvement. Persuadés qu'ils étaient soupçonnés de quelque faute grave, ils ne comprenaient pas ce qu'on leur demandait, et leur front restait obstinément rivé au plancher.

— Rassurez-vous, disait le prince, d'une voix douce; je n'ai jamais maltraité personne ; pourquoi donc tremblez-vous si fort?

Personne ne se rassurait, aucun ne rompait le pieux silence.

Enfin, une vieille brodeuse, arrivée des dernières, sans savoir encore de quoi il s'agissait, poussa un cri, en apercevant la petite robe, aux plumes tissées, que l'intendant étendait, par les manches, au bout de ses deux mains.

— C'est moi qui l'ai cousue! s'écria-t-elle ; je l'ai cousue de ces vieux doigts que voilà et qui étaient jeunes, alors. Oui, oui, je l'ai cousue, cette petite robe, pour la chère et divine Rosée de l'Aube, la dernière princesse d'Ako, brûlée dans l'incendie terrible!...

Et elle tendait les bras, suppliant qu'on la laissât toucher de son front le petit vêtement.

— Je ne mens pas, disait-elle ; j'ai même conservé des morceaux de l'étoffe, que je pourrai retrouver.

Kantaro triomphait. Yamato, très ému, s'inclinait devant lui, en disant à demi voix :

— Votre sagacité a été vraiment merveilleuse et me remplit d'admiration.

— Si la robe a été sauvée du feu, l'enfant qu'elle revêtait l'a été aussi, dit le prince. Quelqu'un a-t-il souvenir, à ce propos, d'une rumeur de trahison, d'un crime secret ? Secouez vos vieilles mémoires, et répondez.

Quelques fronts se relevèrent. Un vieillard à barbe en broussaille, la voix encore étranglée de peur, parla : Un de ses parents, mort depuis, avait vu un homme inconnu, enjamber la fenêtre et sortir d'un pavillon en flammes, emportant la petite princesse qui criait en se débattant. C'était pour la sauver, crut-il. Mais comme on n'entendit plus jamais parler d'elle, et que, lorsqu'on vint enterrer les débris des morts, on ne trouva aucune trace d'un cadavre d'enfant, l'idée d'un enlèvement criminel vint à plusieurs. Mais on n'osa pas en parler.

D'autres voix jaillirent ; on se rassurait, et tous, par zèle, voulaient dire quelque chose. Ce fut bientôt un caquetage embrouillé, d'expressions naïves et maladroites ; puis, les timbres se haussèrent, pour se dominer les uns les autres. Tous parlaient à la fois, les mains à terre, ne relevant que la tête, racontant avec volubilité, des choses que personne n'entendait ; cela devint un extraordinaire tapage, qu'on ne pouvait plus arrêter, comme les aboiements forcenés d'une meute.

L'intendant dénoua sa ceinture, et, s'en servant comme d'un fouet, chassa, à grands coups légers, ce troupeau affolé, qui s'éparpilla en tous sens, puis, en un instant, disparut.

XV

LA
CEINTURE DE SOIE

XV

LA CEINTURE DE SOIE

« Je vais t'attendre, mon bien-aimé, dans un séjour inaccessible, où mon amour sera hors d'atteinte.

» Mon jeune corps, qui fit tes délices, je dois le sacrifier, pour te garder mon âme.

» Laisse couler tes larmes, au souvenir de ses voluptueuses grâces, si tôt détruites :

« Puis, lève les yeux, vers ce qui survit, et souris-moi, à travers les nues. »

L'Oiseau-Fleur, termine ainsi, un long poème, son testament d'amour. Pour elle, tout est fini. Le terme de sa liberté est atteint. A la fin de cette journée, on doit lui présenter l'amant nouveau, qu'elle ne peut éconduire, qu'en lui offrant une morte. Tout a été minutieusement fouillé chez elle, on a enlevé les objets pouvant tenir lieu d'armes, même les épingles de métal, destinées aux coiffures ; mais elle a su dissimuler le poignard, présent nuptial du jeune prince. Elle n'a pas voulu se frapper avec une autre arme.

— Tâche de le lui faire parvenir, quand il sera rougi de mon sang, dit-elle à Broc d'Or; il l'essuiera de ses lèvres et le remerciera de m'avoir aidée à tenir mon serment.

— Le prince ne vous survivra pas, répondit la suivante, pas plus que moi-même; et le seigneur Yamato mourra aussi. Toutes ces existences sont en votre main; c'est pourquoi je vous conjure, de ne pas hâter d'une seconde le dénouement terrible, de le retarder, au contraire, jusqu'aux dernières limites.

— Tu espères donc encore? Chère folle. Il eût fallu des années, au seigneur Yamato, pour retrouver, peut-être, quelques indices de mon origine. Qu'a-t-il pu faire, sans aucun renseignement, à travers tout l'empire?... Va, la mort m'enveloppe déjà ; je le sens au froid qui coule dans mon sang, et à un grand calme, qui me vient, après ces mois d'anxieuse attente. Mais je te défends, à toi, de mourir ; tu vivras, pour exécuter mes derniers désirs, porter mes adieux au prince adoré, et me pleurer avec lui.

Broc d'Or ne répondit rien ; mais ses sourcils froncés, et ses yeux fixes, disaient l'obstination de sa volonté.

L'Oiseau-Fleur enferma son poème, et une longue lettre, dans un joli coffret, qu'elle ferma, à l'aide d'une ganse de soie savamment nouée.

Plusieurs oïrans vinrent la voir. Ko-Mourasaki devinait la résolution de mourir, et son silence approuvait. Jeune Saule, elle, était d'avis qu'il fallait se résigner au sacrifice, l'infidélité ne tuant pas l'amour chez l'homme, mais l'excitant, au contraire. Les autres, préoccupées par leurs propres intrigues ou par leurs intérêts, ne semblaient pas avoir conscience du drame, dont le dénouement était tout proche.

La nuit tomba. Les kamélos montèrent, pour habiller la princesse. Elles portaient la riche toilette de l'entrevue, le kimono magnifique, en satin violet clair brodé de tortues d'or, que Hana-Dori n'avait pas revêtu depuis le soir de ses noces éphémères.

— Cela me plaît de mourir dans ces vêtements-là, dit-elle à l'oreille de Broc d'Or.

Celle-ci faisait mentalement une prière fervente à la déesse Benten, dont la statuette d'or brillait, dans un angle, à la lueur de la petite lampe, tout en habillant sa maîtresse, avec des mains rendues maladroites par un tremblement invincible.

Elle ne parvenait pas à attacher la ceinture souple, qui retombe par devant ; elle fit un double nœud, là où il ne fallait qu'une boucle.

— Laisse donc, disait l'Oiseau-Fleur, il va falloir l'ôter, tout de suite, car, puisque certainement je suis de noble sang, je mourrai de la mort des nobles, en m'ouvrant le ventre, glorieusement.

Les kamélos ne s'en allaient pas, la toilette achevée ; il fallut patienter, car on devinait, parmi elles, des espionnes de la Cigogne-Danseuse.

Tout à coup, le bruit d'une arrivée

se fit entendre au rez-de-chaussée, on criait : *Stansiro* (prosternez-vous), ce qui indiquait un seigneur d'importance.

— Descendez toutes, ordonna la princesse aux servantes, d'un ton qui ne souffrait pas d'objection.

— Vite, vite, Broc d'Or, continua-t-elle, dès qu'elles furent parties; défais ma ceinture.

La lame du poignard luisait déjà hors du fourreau ; mais la ceinture résistait; s'acharnant, de ses mains fébriles, Broc d'Or ne parvenait qu'à embrouiller davantage l'enchevêtrement du nœud. L'Oiseau-Fleur s'efforçait de l'aider, en trépignant d'angoisse. Des larmes emplirent ses beaux yeux.

— Au cœur ! alors, au cœur ! gémit-elle, puisque la noble mort m'est refusée.

Elle leva le bras... mais, avec un cri de joie, Broc d'Or le retint. Dans l'écartement du panneau, brusquement ouvert, Yamato venait d'apparaître.

Il vit la situation, et, tout tremblant d'épouvante et de bonheur, il se jeta aux genoux de l'Oiseau-Fleur, et prit le pan de sa ceinture, qu'il porta à son front.

— Noble princesse d'Ako, bien digne de votre naissance, dit-il, je vous salue, en pleurant.

Un vieux seigneur, parut à son tour, laissant voir derrière lui toute une escorte. Il demeura stupéfait d'admiration, en face de la jeune femme, si pâle et si belle, presque pâmée, dans la secousse qui la rejetait, si soudainement, de la mort, au bonheur.

— Vous voyez, monseigneur, disait Yamato, que je n'exagérais rien. Deux secondes de plus, tout était fini. Plutôt que d'être infidèle, votre noble fille allait se donner la mort.

— Etes-vous donc mon père? demanda l'Oiseau-Fleur, toute tremblante.

— Non, mon enfant, pas encore, dit-il; mais je le serai si vous voulez. Vous êtes la seule survivante, de cette illustre famille que nous croyions éteinte. Il n'y a plus aucun doute ; vous êtes bien la princesse d'Ako, que des malfaiteurs ont enlevée ; je m'en suis convaincu, par une enquête minutieuse.

— Trop minutieuse, et qui a failli tout perdre! chuchota Yamato à Broc d'Or.

— J'ai racheté vos domaines confisqués, continua le prince ; mais, puisque vous êtes vivante, je les usurpe, moralement. Je puis vous les rendre, par héritage, en vous adoptant pour ma fille. Il faut, pour cela, votre consentement. Dites, voulez-vous de moi, pour père ?...

La princesse d'Ako se jeta aux pieds du vieux seigneur en sanglotant. Il la releva doucement et lui dit avec bonté :

— Sèche vite cette rosée de larmes, ma fille, et souris au joli nom, qui est le tien : Rosée de l'Aube.

Broc d'Or frappait ses mains l'une contre l'autre.

— A quoi tient la destinée ! s'écria-t-elle. Si ma maladresse n'avait pas embrouillé le nœud de cette ceinture, ce ne seraient pas des larmes de joie, que nous essuierions, à présent, sur nos joues. La minute, passée en efforts, pour dénouer ce qui ne se dénouait pas, voilà ce qui a donné le temps, au bonheur, d'arriver !

FIN

TABLE

I.	— Le Daïmio de Kama-Koura	1
II.	— Tokio moderne	17
III.	— La Cité d'Amour	29
IV.	— La Présentation	51
V.	— Noces éphémères	73
VI.	— Les larmes des marchandes de sourires	93
VII.	— Barbare d'Occident	109
VIII.	— Au poids de l'or	121
IX.	— La Princesse inconnue	135
X.	— Eventail de Rayons	195

XI. — Pleurs et parfums	205
XII. — La barrière de bambous verts	225
XIII. — A la Lance rouillée	235
XIV. — Vers le passé	265
XV. — La ceinture de soie	283

Imprimerie générale de Châtillon-sur-Seine. — A. Pichat.

www.ingramcontent.com/pod-product-compliance
Lightning Source LLC
Chambersburg PA
CBHW071533160426
43196CB00010B/1756